改正税理士法

JN124020

実務への対応

令和
5
年度版

日本税理士会連合会

総合企画室
税理士法改正分科会　編

一般財団法人　大蔵財務協会

発刊に寄せて

　令和4年3月、第6次となる税理士法改正が実現いたしました。税理士制度の淵源である税務代理士法の制定から80年という節目の年にこの改正が実現したことは、誠に感慨深いものがあります。関係国会議員及び行政当局には、その都度適切なご助言、ご指導を賜りましたことを、この場を借りて改めて厚く御礼申し上げます。

　平成26年税理士法改正以降、情報通信技術（ICT）の飛躍的進展やデジタル社会形成基本法の制定など、コロナ禍による影響も相まって、経済社会全体にデジタル化の波が大きく押し寄せています。また、税理士試験受験者数の減少傾向に歯止めがかからず、試験制度の見直しに加え、税理士制度が国民・納税者により一層信頼される制度として、将来にわたり維持・発展していくための制度改革の必要性が高まっていました。

　今回の改正では、税理士の業務環境や納税環境の電子化といった、税理士を取り巻く状況の変化に的確に対応するとともに、多様な人材の確保や、国民・納税者の税理士に対する信頼と納税者利便の向上を図る観点から、数多くの重要な見直しが行われました。

　特に、税理士の業務のデジタル化については、改正電子帳簿保存法やデジタルインボイスへの対応等が喫緊の課題とされる中、税理士は、一事業者として、事業者を支援する専門家として、新しい時代に向けて先頭に立って納税者利便の向上と業務の改善進歩に取り組むとともに、テレワークやサテライトワーク等の業務執行の多様化に対応する必要があり、今回の改正は、その礎となる極めて意義のあるものであります。

　また、受験資格要件の緩和については、受験へのファーストタッチを早めるための改正であり、就職活動が始まる大学3年次までに会計学科目に合格している状況が増加することを想定し、就職先や職業の選択において、税理士事務所や税理士に目が向く効果も期待されるところです。他方、合格までの所要年数が10年とも言われる課題については、日本税理士会連合会は次なる税理士法改正に向けた検討に既に着手しており、試験合格者の質の維持とのバランスも踏まえて、引き続き検討を重ねてまいる所存です。

　そのほかにも、税理士法人の業務範囲の拡充や懲戒逃れをする税理士への対応の強化など、税理士に対する信頼の向上を図るための改正項目が含まれています。

　税理士の果たすべき社会的役割は、税理士法第1条に規定する「税理士の使命」に基づいて、申告納税制度を支え、国民の納税義務の適正な実現を図ることにあります。この理念にそって、税務に関する専門家として研鑽を重ね、税

理士業務を遂行していくことが、税理士の存在意義を更に高めるとともに、ひいては税理士の社会的信頼の向上につながることとなります。このことを会員一人一人が強く意識し、改正税理士法の適正な運用に業界を挙げて取り組んでいかなければなりません。

　会員各位におかれましては、今回の改正を一つの契機として、税理士制度がより一層国民・納税者から信頼され、社会の期待に応え得る制度として高く評価されるために、専門家としての職責を自覚し、常に高度な使命感と倫理観を持って税理士業務を遂行されるよう、ご理解ご協力をお願いいたします。

　令和5年5月

日本税理士会連合会
会長　神津　信一

はしがき

　日本税理士会連合会は、令和3年6月「税理士法に関する改正要望書」を機関決定し、財務省主税局及び国税庁に提出した後、法改正の実現に向け、日本税理士政治連盟と連携して国会議員の理解を得るための活動を行うとともに、挙会一致の体制を構築するべく、マルチメディア研修や機関紙などを通じ、当該改正要望書の趣旨及び内容について、税理士会会員への周知・啓発に努めてまいりました。一方で、法改正の実現を見据え、改正法の円滑な運用に向けて国税庁との意見交換を継続実施いたしました。

　こうした活動の結果、令和4年3月22日、「所得税法等の一部を改正する法律案」が参議院本会議において可決され、税理士法改正が実現しました。この改正は、平成26年以来の大幅改正であり、経済社会のデジタル化や税理士試験受験者数の減少への対応など、税理士制度を国民・納税者に一層信頼される制度として将来にわたって発展させていくために意義あるものとなりました。

　今回の改正項目は、「ICT化への対応」として①税理士の業務におけるICT化推進の明確化、②事務所設置規定の見直し、③税務代理における利便の向上、④税理士会等における会議招集通知・委任状の電子化、⑤税理士名簿等を作成可能な電子記録媒体の明確化、「多様な人材の確保」として⑥税理士試験の受験資格要件の緩和、「税理士に対する信頼の向上を図るための環境整備」として⑦税理士法人の業務範囲の拡充、⑧税理士法人社員の法定脱退事由の整備、⑨税理士等に対する監督上の措置の見直し、⑩税理士であった者に対する「懲戒処分相当であったことの決定」の創設、⑪税理士法懲戒処分等の除斥期間の創設（10年）、「その他」として⑫税理士による申告書添付書面に関する様式の整備、⑬税理士試験受験願書に添付する写真の撮影条件の撤廃等です。

　本書では、これらの改正に関して、日本税理士会連合会の改正要望も交えて、その経緯及び内容について、特に、税理士・税理士事務所（法人）が実務において留意すべき事項を中心に、図表などを活用して分かりやすく解説しています。税理士事務所必携の書として、税理士会会員及び税理士事務所（法人）に勤務する職員各位の実務の参考になれば幸いです。

　令和5年5月

　　　　　　　　　　　　日本税理士会連合会
　　　　　　　　　　　　総合企画室税理士法改正分科会
　　　　　　　　　　　　　専務理事　髙橋俊行
　　　　　　　　　　　　　専務理事　石原健次
　　　　　　　　　　　　　専務理事　加藤眞司
　　　　　　　　　　　　　常務理事・制度部長　市木雅之
　　　　　　　　　　　　　常務理事・業務対策部長　末吉幹久

目　次

参考資料（各機関のウェブサイトをご参照ください）
・税理士事務所FAQ（日税連）
・税理士事務所等の内部規律及び内部管理体制に関する指針（日税連）
・税理士法人による成年後見事務に関するガイドライン（日税連）
・税理士関係法令等・Q&A（国税庁）

凡例　本文中で各法令等の条文を引用する場合は、以下のように表示する。
　　　税理士法＝法、税理士法施行令＝施行令、税理士法施行規則＝施行規
　　　則、税理士法基本通達＝通達
㊟　本書は、令和 5 年 5 月 1 日現在の各法令等によっています。

第**1**章

改正の背景及び経緯

平成26年税理士法改正以降、情報通信技術（以下「ICT」という。）の進展はめざましく、コロナ禍による影響も相まって、デジタル・トランスフォーメーション（以下「DX」という。）の潮流、デジタル社会形成基本法の制定、デジタル庁の創設などデジタル化の波が大きく押し寄せている。また、税理士試験受験者数の減少傾向に歯止めがかかっておらず、税理士制度改革の必要性が高まっていった。

　日本税理士会連合会（以下「日税連」という。）においては、平成29年９月、制度部に対して、会長諮問「次期税理士法改正に向けた検討について」が発せられ、平成31年４月、同部より答申「次期税理士法改正に関する答申～時代の変化に対応し、未来を創る制度の構築に向けて～」が提出された。この答申は、経済社会のICT化への対応、税理士試験受験者数の減少への対応などを柱とするものであった。

　その後、総合企画室税理士法改正分科会において、同答申をベースに、各税理士会及び税理士会員から寄せられた意見を踏まえ、国税庁・財務省主税局との意見交換を実施しながら検討を進め、令和３年６月、「税理士法に関する改正要望書」を機関決定し、財務省主税局及び国税庁にこれを提出した。

　この要望書に基づき、国税庁・財務省主税局との意見交換を継続しつつ、税理士法改正分科会において検討が重ねられ、国税庁の改正要望項目を含めた税理士法改正法案が第208回通常国会に提出されるに至った。

　そして、コロナ後の新しい社会を見据え、税理士の業務環境や納税環境の電子化といった、税理士を取り巻く状況の変化に的確に対応するとともに、多様な人材の確保や、国民・納税者の税理士に対する信頼と納税者利便の向上を図る観点から、税理士制度の見直しが行われた。

　今回の改正項目は、「ICT化への対応」として①税理士の業務におけるICT化推進の明確化、②事務所設置規定の見直し、③税務代理における利便の向上、④税理士会等における会議招集通知・委任状の電子化、⑤税理士名簿等を作成可能な電子記録媒体の明確化、「多様な人材の確保」として⑥税理士試験の受験資格要件の緩和、「税理士に対する信頼の向上を図るための環境整備」として⑦税理士法人の業務範囲の拡充、⑧税理士法人社員の法定脱退事由の整備、⑨税理士等に対する監督上の措置の見直し、⑩税理士であった者に対する「懲戒処分相当であったことの決定」の創設、⑪税理士法懲戒処分等の除斥期間の創設（10年）、「その他」として⑫税理士による申告書添付書面に関する様式の整備、⑬税理士試験受験願書に添付する写真の撮影条件の撤廃等である。

～改正項目と施行日～

改正項目	主な改正条項	施行日等
＜ICT化への対応＞		
1　税理士の業務におけるICT化推進の明確化	法2の3	令4.4.1
	法49の2②	令5.4.1
2　事務所設置規定の見直し	通達40-1、40-2、40-3、41の2-1	令5.4.1
3　税務代理における利便の向上	通達2-3	令4.4.1
	施行規則（様式8号）・通達	令6.4.1
4　税理士会等における会議招集通知・委任状の電子化	施行令7②、7④、8	令4.4.1
	通達「税理士会総会の運営について」	
5　税理士名簿等を作成可能な電子記録媒体の明確化	法19③、41③、48の10③	令4.4.1
＜多様な人材の確保＞		
6　税理士試験の受験資格要件の緩和	法5	令5.4.1
＜税理士に対する信頼の向上を図るための環境整備＞		
7　税理士法人の業務範囲の拡充	施行規則21、通達48の5-2	令4.4.1
8　税理士法人社員の法定脱退事由の整備	法48の17	令4.4.1
【懲戒逃れをする税理士への対応】		
9　税理士等に対する監督上の措置の見直し	法55、56	令5.4.1
	法54の2、55③	令6.4.1
10　税理士であった者に対する「懲戒処分を受けるべきであったことの決定」の創設	法48、国税審議会令2④、財務省告示	令5.4.1
11　税理士法懲戒処分等の除斥期間の創設（10年）	法47の3、通達47の3-1、47の3-2、47の3-3、48-1、48の20-1	令5.4.1
＜その他＞		
12　税理士による申告書添付書面に関する様式の整備	施行規則（様式9・10号）・通達	令6.4.1
13　税理士試験受験願書に添付する写真の撮影条件の撤廃等	施行規則（様式2号）	令4.4.1

第**2**章

ICT化への対応

1 税理士の業務における ICT化推進の明確化

◆ (1) 改正の概要

① 税理士・税理士法人は、税理士業務・付随業務における電磁的方法の積極的利用等を通じて納税義務者の利便の向上等を図るよう努めるものとする旨の規定を新設する（令和4年4月1日施行）。

② 日税連及び各税理士会の会則には、税理士業務・付随業務において電磁的方法により行う事務に関する規定を記載しなければならないこととする（令和5年4月1日施行）。

なお、これらの記載に係る会則の変更に当たっては、財務大臣の認可を必要とする。

◆ (2) 改正の背景

経済社会のICT化が急速に進む中、税理士制度の継続的な発展を期し、税理士が税務に関する専門家としての使命を果たすためには、経済社会環境の変化を的確に捉え、経済活動のオンライン化、ネットワークの高速化・大容量化、AI（Artificial Intelligence＝人工知能）やRPA（Robotic Process Automation＝ロボットによる業務自動化）の進化などデジタル化を支えるICTを積極的に利活用し、納税者利便の向上と経済社会全体の効率化・高度化に寄与していく必要がある。

令和3年5月に成立した「デジタル社会形成基本法」は、その基本理念として、すべての国民が情報通信技術の恵沢を享受できる社会の実現を掲げ、とりわけ、同法16条（事業者の責務）に「事業者は、基本理念にのっとり、その事業活動に関し、自ら積極的にデジタル社会の形成の推進に努めるとともに、国又は地方公共団体が実施するデジタル社会の形成に関する施策に協力するよう努めるものとする。」と定められ、すべての事業者にデジタル社会の形成推進に努めることが義務付けられた。

また、令和3年6月に閣議決定された「規制改革実施計画」においては、行政手続オンライン利用を促進する観点から、「税理士が代理申告を行う場合の利用率100％に向け、電子申告の積極的な利用を通じて事業者利便の向上等を

図ることの法制化を含め、デジタル化に向けて税理士の果たすべき役割を検討し、必要な措置を講ずる。」とされていた。

　また、国税庁においては、令和 3 年 6 月に「税務行政のデジタル・トランスフォーメーション－税務行政の将来像2.0－」を公表し、デジタルの活用による「納税者の利便性の向上」と「課税・徴収の効率化・高度化」を 2 本柱として税務手続や事務運営の抜本的な見直しを進める方針を明確化しており、これにより、納税者にとって利便性が高く、かつ、適正・公平な社会の実現が期待されている。

　こうした背景から、税理士は、一事業者としてはもちろん、事業者を支援する専門家として、DXの進展やデジタル社会形成施策を踏まえ、新しい時代に向けて時代の先駆として、納税者利便の向上とその業務の改善進歩に積極的に取り組むことが求められることとなった。

◆ ⑶　改正の内容

①　税理士の業務における電子化等の推進を通じた納税義務者の利便の向上等の努力規定の創設

　税理士の業務を規定する法 2 条の枝番として 2 条の 3 （税理士の業務における電磁的方法の利用等を通じた納税義務者の利便の向上等）が新設された。

> ■税理士法
> （税理士の業務における電磁的方法の利用等を通じた納税義務者の利便の向上等）
> 第 2 条の 3　税理士は、第 2 条の業務を行うに当たつては、同条第 1 項各号に掲げる事務及び同条第 2 項の事務における電磁的方法（電子情報処理組織を使用する方法その他の情報通信の技術を利用する方法をいう。第49条の 2 第 2 項第 8 号において同じ。）の積極的な利用その他の取組を通じて、納税義務者の利便の向上及びその業務の改善進歩を図るよう努めるものとする。

　この改正は、税理士法において、税理士業務及び財務書類の作成、記帳代行などの付随業務に電磁的方法によるものが含まれることを明示し、その上で、税理士が、納税者利便の向上のために、電子申告・納税、電子帳簿等保存制度、マイナポータルの利活用などの業務に加え、電子メールやウェブ会議システムの活用による顧客との税務相談や資料のやりとり、税理士事務所

内部における事務についてもICT利活用の推進に努めることを明確にすることで、経済のデジタル化・グローバル化の進展等の環境変化に伴う税理士制度の継続的発展を期するものである。

　なお、この努力義務規定は、税理士の業務のICT化の推進を通じて、納税者利便の向上を図るとともに、デジタル社会の形成に積極的に寄与するという趣旨から、日税連の要望に基づいて創設されたものである。したがって、当該規定をもって、国税当局によるe-Tax利用の勧奨の強化や将来的な電子申告義務化につながる性質のものではない。

②　税理士会会則及び日税連会則の絶対的記載事項の整備

　①の取組みが円滑に進展するよう、法49条の２及び49条の14の税理士会・日税連の会則の絶対的記載事項として、次のとおり電磁的方法による税理士の業務に関する事項が新設された。

■税理士法
（税理士会の会則）
第49条の２
　２　税理士会の会則には、次の事項を記載しなければならない。
　　八　第２条の業務において電磁的方法により行う事務に関する規定

（日本税理士会連合会の会則）
第49条の14　日本税理士会連合会の会則には、次の事項を記載しなければ
　　ならない。
　　一　第49条の２第２項第１号、第３号から第５号まで、第８号及び第11
　　　号から第13号までに掲げる事項

　これを受け、日税連は、令和５年１月12日の臨時総会において会則の一部変更を行い、次の規定を新設した。また、各税理士会においても、令和５年６月の定期総会で同様の対応が図られる。

□日税連会則
（法第２条の業務における電磁的方法の利用に関する施策）
第65条の４　本会は、納税義務者の利便の向上及び税理士の業務の改善進
　　歩を図るため、必要な法第２条の業務における電磁的方法の利用に関す
　　る施策を行う。
　２　法第２条の業務における電磁的方法の利用に関する施策に関し必要な

事項は、常務理事会で定める。

　これらの改正等に基づき、日税連及び税理士会において、デジタル化に少なからず忌避感を持ち、又は、ICTの利活用を必ずしも得手としていない税理士会員をフォローする体制が整備されることとなる。

　具体的には、日税連及び各税理士会において、令和 5 年 8 月以降に「デジタル相談室」を設置し、電子申告・納税制度、電子帳簿等保存制度、デジタルインボイスなど税理士の業務に直結する事項はもちろん、情報セキュリティ、ペーパーレス化、クラウド化、ウェブ会議等に係る事項など、幅広い相談に対応する。また、税理士会員や事務所職員に対する研修や情報提供についても、これまで以上に積極的に取り組むこととしている。

2 事務所設置規定の見直し

◆ **(1) 改正の概要**

　税理士の業務のICT化や働き方の多様化に対応する観点から、業務の執行場所に関する規制を緩和するため、複数設置が禁止されている「事務所」の該当性判定基準に、応接設備や使用人の有無といった物理的事実を用いないこととする。併せて、税理士から離れた場所における使用人等の業務の適切性確保を図るための運用上の措置を講ずる（令和5年4月1日適用）。

① 通達改正の内容

　今回の事務所設置ルールの変更は、法そのものは改正されずに、通達の改正のみが行われている。その改正の内容は、次のとおりである。

■税理士法

（事務所の設置）

第40条　税理士（税理士法人の社員（財務省令で定める者を含む。第4項において同じ。）を除く。次項及び第3項において同じ。）及び税理士法人は、税理士業務を行うための事務所を設けなければならない。

2　税理士が設けなければならない事務所は、税理士事務所と称する。

3　税理士は、税理士事務所を二以上設けてはならない。

4　税理士法人の社員は、税理士業務を行うための事務所を設けてはならない。

（使用人等に対する監督義務）

第41条の2　税理士は、税理士業務を行うため使用人その他の従業者を使用するときは、税理士業務の適正な遂行に欠けるところのないよう当該使用人その他の従業者を監督しなければならない。

・通達40－1

　法40条1項の規定では、「税理士業務を行う事務所を設けなければならない」と規定しているが、その事務所の概念について、旧通達では「継続的に

税理士業務を執行する場所」としていたが、新通達では「税理士業務の本拠」という考え方が採用された。

　また、これまで事務所該当性の判定基準とされてきた、外部に対する表示、設備の状況、使用人の有無等の三つの要素について、外部に対する表示の一要素にて判定することとされた。

新通達	旧通達
（事務所） 40－1　法第40条第1項に規定する「税理士業務を行うための事務所」とは、税理士業務の本拠をいい、税理士業務の本拠であるかどうかは、委嘱者等に示す連絡先など外部に対する表示に係る客観的事実によって判定するものとする。 　この場合において、「外部に対する表示」には、看板等物理的な表示やウェブサイトへの連絡先の掲載のほか、契約書等への連絡先の記載などが含まれることに留意する。	（事務所） 40－1　法第40条に規定する「事務所」とは、継続的に税理士業務を執行する場所をいい、継続的に税理士業務を執行する場所であるかどうかは、外部に対する表示の有無、設備の状況、使用人の有無等の客観的事実によって判定するものとする。

・通達40－2
　今回の事務所設置ルールの変更により実務への影響が生じることとなる二ヶ所事務所禁止規定（法40条3項）について通達が新設され、どのような場合に二ヶ所事務所禁止規定に抵触し、どのような場合には抵触しないのか、例示が行われた。

> ■税理士法基本通達
> （二ヶ所事務所の禁止）
> 40－2　法第40条第3項の「税理士事務所を二以上設けて」いる場合とは、例えば、自宅以外の場所に税理士事務所を設け、40－1の「外部に対する表示」をしている状態で、自宅においても40－1の「外部に対する表示」をして税理士業務を行っている場合などをいう。したがって、自宅等の税理士事務所以外の場所で税理士業務を行っていても、その場所に40－1の「外部に対する表示」に係る客観的事実がなく、法第40条第1項に規定する「税理士業務を行うための事務所」と判定される状態でない場合には、税理士事務所を二以上設けている場合には該当しない。

・通達40－3

　税理士である公認会計士の公認会計士事務所についての旧通達40－2について、若干の文言整理が行われ、新通達40－3として存置された。

新通達	旧通達
（税理士である公認会計士の公認会計士事務所） 40－3　税理士である公認会計士が、税理士事務所のほかに公認会計士としての事務所を有する場合、その事務所が、外部に対する表示に係る客観的事実によって税理士事務所であると認められるときは、法第40条第3項の規定に抵触するものとして取り扱うこととする。	（税理士である公認会計士の公認会計士事務所） 40－2　税理士である公認会計士が、税理士事務所の外に公認会計士としての事務所をもつ場合、その事務所が、外部に対する表示、広報その他の客観的事実によって、継続的に税理士業務を行い、又は行うための事務所であると認められるときは、法第40条第3項の規定に抵触するものとして取り扱うこととする。

・通達41の2－1

　事務所該当性の判定基準の変更により、登録された税理士事務所（本拠）以外の場所において、使用人等を勤務させることが可能になった。しかし、このことにより使用人等による非税理士行為やその加担の問題についての懸念が生じることとなるため、法41条の2に規定する使用人等監督責任の重要性が増すこととなった。そこで、使用人等監督責任について改めて確認し、どのような点に留意していれば使用人等監督義務が果たされたと考えることができるのか、通達の規定が新設され、具体的内容が例示されている。

■税理士法基本通達
（使用人等に対する監督責任）
41の2－1　税理士の使用人その他の従業者（以下「使用人等」という。）に対する監督義務は、税理士及びその使用人等が事務を行う場所によって異なることはない。したがって、使用人等に対する監督方法として、対面による監督を行うことができない場合でも、情報通信技術を利用する方法などにより、適切に監督が行われている場合には、監督義務が果たされていると判断することに留意する。
　なお、情報通信技術を利用した使用人等の適切な監督方法としては、例えば、次に掲げるような、事前及び事後の確認を行う方法がある。
⑴　使用人等と委嘱者等との情報通信技術を利用した打合せに、使用者である税理士が情報通信技術を利用して参加する方法

　(2)　使用人等が税理士業務の補助を行った履歴について情報通信技術を利用して確認する方法

②　国税庁Q&Aと税理士事務所FAQ

　新しくなった事務所設置ルールの詳細の内容について、新通達だけでは理解が難しい場合も考えられることから、より詳細な内容が記載された「国税庁Q&A」が公表され、登録時に問題となる点や行政処分と関連性の強い項目についての取扱いが公表されている。

　また、国税庁Q&Aを補足する内容について、日税連から「税理士事務所FAQ」を公表し、より詳細に説明している。

　国税庁Q&Aと日税連の税理士事務所FAQの二つを読むことで、事務所設置ルールの全体像が理解しやすいものとなっている。

◆ (2)　改正の背景

　経済社会のICT化が進展する中で、税理士の業務環境の電子化など、税理士を取り巻く状況が刻々と変化しており、税理士事務所にも様々な就労形態が創出されている。時間や場所を固定しない柔軟な働き方が可能となり、税理士事務所においても、本拠たる税理士事務所から離れた場所においてICT技術を利活用した業務執行が可能となった。このような働き方の多様化は、使用人の就労形態や雇用の確保の問題に止まらず、税理士が自らの業務を執行する場合にも、地震や豪雨、感染症の拡大などの深刻な災害等により税理士事務所での業務に支障を来した場合の具体的な対応策について可能性を広げるものでもある。

　このようなICT化への対応の一つとして、法40条の事務所概念に関する通達が改正され、その結果、税理士事務所登録時の実務、二ヶ所事務所禁止規定における事務所該当性の判定、使用人等監督義務（法41条の2）に係る実務に変化がもたらされた。

①　ICT化の流れ

・税理士法改正の議論

　平成31年4月、日税連制度部から、令和4年税理士法改正のタタキ台となる「次期税理士法改正に関する答申」が提示され、事務所ルールについてもこの答申を出発点として検討を進めることとなった。

　・国策としてのICT化
　　日税連制度部の答申の後、経済社会のICT化の流れは加速し、総務省においてもICT利活用の推進策の一環として、テレワークが推進された。

②　旧通達見直しの必要性
　・事務所概念
　　旧通達では、事務所について「継続的に税理士業務を執行する場所」としていたが、例えば税理士業務に係る仕事を「継続的に」自宅に持ち帰り作業していた場合に、自宅が二ヶ所事務所禁止規定に抵触するのではないかという疑問が生じる場合があった。税理士が税理士業務を行うのであれば、場所はどこであっても税理士法上の問題は生じないことから、上記のような誤解が生じることのないよう、「継続的に」という文言は修正された。

・事務所判定要素

　旧通達における事務所該当性判定の三つの要素について、事務所設置義務の視点（すなわち、「どのような環境が整っていたら事務所として登録可能か」という視点）と、二ヶ所事務所禁止の視点から、その妥当性が検証され、外部に対する表示の有無という判定要素だけが残されることとなった。

（外部に対する表示の有無）

事務所設置義務の視点	法律関係の明確化、特に「税理士と委嘱者の間の法律関係の明確化」のためには必要。
二ヶ所事務所禁止の視点	登録事務所以外の場所に外部に対する表示が設置されれば、委嘱者等がそこを本拠であると誤認することが考えられ、「税理士と委嘱者の間の法律関係の明確化」の観点から問題があるので、対外表示は要素として必要。

（設備の状況）

事務所設置義務の視点	税理士業務を執行するために各種の設備は事務所に通常必要なものであるが、税理士の業務活動のあり方次第（例えば、インターネットを利用した税務相談だけを業務とする税理士の場合等）では、それらの設備が税理士事務所に設置されていなくても税理士業務の執行は可能である。よって、設備の状況は、事務所の必須条件とは言えない。
二ヶ所事務所禁止の視点	登録事務所以外の場所で応接セットやPC等が設置されていたとしても、そこで税理士業務を行うのが税理士であれば非税理士行為の懸念は生じない。よって、設備状況は判定要素として不要。

（使用人の有無）

事務所設置義務の視点	新しく登録する税理士が、使用人ゼロで税理士事務所をスタートされることはむしろ普通である。よって、使用人の有無を事務所の必須条件とすることはできない。
二ヶ所事務所禁止の視点	使用人は税理士業務はできないのであるから、本拠以外の場所に使用人が勤務していても、そこで税理士業務が行われていなければ問題はない。よって、この問題は、事務所判定要素として使用人の有無を問うのではなく、使用人等監督の問題ということになる。

◆ ⑶　改正の内容と日税連の取組み

　今回の事務所設置ルールの変更は、国税庁Q&Aと、日税連の税理士事務所FAQに、その詳細な内容や具体的な注意点が記載されているため、これらの資料を紹介する。

①　国税庁Q&A
　国税庁ウェブサイトの「税理士に関する情報」の「税理士制度のQ&A」において、5項目のQ&Aが公表された。

問5－1
　「税理士業務を行うための事務所」とは、どのようなものをいいますか。

（答）
　「税理士業務を行うための事務所」とは、税理士業務を行う本拠をいいます。

【解説】
　「税理士業務を行うための事務所」とは、税理士業務の本拠をいい、税理士業務の本拠であるかどうかは、委嘱者等に示す連絡先など外部に対する表示に係る客観的事実によって判定することになります。
　「外部に対する表示」とは、例えば、看板等物理的な表示、ウェブサイトへの表示、契約書等への記載などが含まれます。

　国税庁Q&Aの問5－1は、通達をほぼそのまま確認する内容になっている。
　なお、通達40－1の「外部」とは、税理士業務に関して利害関係のある「クライアント」や「納税者」、「税理士会」や「租税行政庁」に限定する意味合いではなく、広く一般の者を含めた概念である。

問5－2
　税理士業務の「本拠」とは、どのようなものですか。

（答）
　税理士業務の「本拠」とは、税理士等が自己所有又は賃貸借契約などにより自らの管理下とする場所のうち、税理士業務を執行するための場所と

して、外部に対する表示が行われた場所となります。

【解説】
　税理士業務の本拠について、税理士等が自らの管理下とする場所とし、外部に対する表示が行われた場所としているのは、行政庁・税理士会の指導、連絡及び監督の適切な実施や顧客の不測の損害を防止する観点から、法律関係を明確にする必要があるためです。
　したがって、上記の趣旨から住所借りや実態のない事務所の登録を認めるものではありません。
　また、自らの管理下であっても、外部に対する表示がなされていない場合は、本拠には該当しません。

　この「本拠とは何か」という論点は、税理士が事務所の登録を行う際に、その場所での登録を認められるか否かという、実務上大きな影響がある論点である。ここでは、「法律関係の明確化」が重要であり、この規定の趣旨目的となっていることと、事務所としての実態のない「住所借り」などの場合の登録を不可としている点がポイントである。
　なお、（答）に示された「自己所有又は賃貸借契約など」の「など」は、親族所有物件の使用貸借や、転貸借などの場合を指している。
　この点については、日税連の税理士事務所FAQⅠ－1－3で補足説明がなされている。

問5－3
　外部に対する表示がなければ、二ヶ所事務所に該当しませんか。

（答）
　本拠となる事務所以外の場所において、税理士や税理士事務所の使用人等が税理士の業務等を行っていたとしても、税理士事務所としての外部に対する表示がなければ、二ヶ所事務所には当たりません。

【解説】
　法第40条第3項は、「税理士は、税理士事務所を二以上設けてはならない。」と規定し、税理士1人につき1税理士事務所に限ることとして、2以上の事務所の設置を禁止しています。
　「税理士事務所を二以上設けて」いる場合とは、例えば、自宅以外の場所に税理士事務所を設け、基通40－1の「外部に対する表示」をしている

状態で、自宅においても基通40－1の「外部に対する表示」をして税理士業務を行っている場合などをいいます。

　したがって、自宅等の税理士事務所以外の場所で税理士業務を行っていても、その場所についての外部に対する表示がない場合には、二ヶ所事務所には当たりません。

　なお、「外部に対する表示」とは、看板等物理的な表示やウェブサイトへの連絡先の掲載のほか、契約書等への連絡先の記載などが含まれ（基通40－1）、本拠となる事務所以外の場所について税理士事務所と誤認されるおそれのある外部に対する表示をしている場合には、その場所は税理士事務所と判定され、二ヶ所事務所に該当することとなります。

　例えば、「○○○税理士事務所□□□分室」、「○○○税理士事務所□□□オフィス」など税理士事務所と誤認されるおそれのある外部に対する表示がなされている場合は、税理士事務所と判定されることになります。

　本拠以外の場所がどのような状態であれば「外部に対する表示」となり、行政処分が行われる可能性が生じるのかという点を明らかにしている。

　【解説】にある「税理士事務所と誤認されるおそれ」という部分がポイントで、「税理士事務所」という6文字や、「税理士法人」という5文字を使用した表示は、外部の者に対し、税理士事務所（本拠）と誤認させるおそれが生じることから、「外部に対する表示」に該当することとされている。

　この点については、日税連の税理士事務所FAQ I－2－2で補足説明がなされている。

問5－4
　税理士事務所を登録する際に留意すべき事項はありますか。

（答）
　税理士には、所属税理士会及び日本税理士会連合会の会則を守らなければならないとされています。例えば、会則には税務支援への従事に関する規定があり、税理士事務所以外の場所で主に税理士業務を執行し、その執行場所が遠隔地であったとしても、遠隔地であることを理由として税務支援への従事を断ることは、会則を守らない正当な理由となりません。

　したがって、税理士事務所を登録する際には、事務所の設置場所について留意する必要があります。

【解説】
　税理士は、所属税理士会及び日本税理士会連合会の会則を守らなければ
ならないとされています（法第39条）。
　また、日本税理士会連合会会則では、税理士会員は、税理士に関する法
令、本会の会則及び税理士会の会則、規則等を遵守しなければならないと
されていることから、規則等についても遵守する必要があります。
　例えば、日本税理士会連合会の会則では、税理士会員は本会及び所属す
る税理士会が実施する税務支援に従事しなければならないとされ、病気療
養その他正当な理由なくこれを拒むことができないとされていますが、事
務所が遠隔地にあることは正当な理由に該当しません。
　また、税務支援の実施に関する規則では、税理士法人や開業税理士は、
社員税理士や従業員である税理士が税務支援に従事する場合に協力しなけ
ればならないとされており、遠隔地であることを理由に協力に応じないと
いうことがないように留意する必要があります。

　税理士が登録した事務所と、主として税理士業務を執行する場所が遠隔で
ある場合、登録した支部での税務支援や租税教育といった会務参加が行われ
ないということがないよう、事務所が遠隔であることは税務支援等の従事義
務の免除理由にならないということが確認された。

問6－29
　法第40条第3項違反（2以上の事務所の設置）があったとして行われる
法第46条の規定による懲戒処分は、どのような内容ですか。

（答）
　法第40条第3項は、「税理士は、税理士事務所を二以上設けてはならな
い。」と規定し、税理士1人につき1税理士事務所に限ることとして、2
以上の事務所の設置を禁止しています。
　この場合の「事務所」とは、税理士業務の本拠をいい、税理士業務の本
拠であるかどうかは、委嘱者等に示す連絡先など外部に対する表示に係る
客観的事実によって判定することとされています（基通40－1）。
　この場合の「税理士事務所を二以上設けて」いる場合とは、例えば、自
宅以外の場所に税理士事務所を設け、40－1の「外部に対する表示」をし
ている状態で、自宅においても40－1の「外部に対する表示」をして税理
士業務を行っている場合などをいいます（基通40－2）。
　なお、「外部に対する表示」とは、看板等物理的な表示やウェブサイト

への連絡先の掲載のほか、契約書等への連絡先の記載などが含まれます（基通40－1）。

　税理士が事務所を2以上設置した場合には、法第40条第3項違反となり、法第46条の懲戒事由に該当します（問6－7、6－11参照）。

　この場合の懲戒処分の量定は、法第46条及び告示の規定に基づき、戒告、2年以内の税理士業務の停止又は税理士業務の禁止となります（問6－11参照）。

　罰則や量定の問題も、国税庁Q&Aに記載された。二ヶ所事務所禁止規定違反の場合は、法46条の一般の懲戒に該当し、戒告、2年以内の税理士業務の停止、税理士業務の禁止の可能性もある。

　また、国税庁Q&Aには記載されていないが、使用人等監督義務違反の場合は、戒告又は1年以内の税理士業務の停止という量定となっている。

②　日税連　税理士事務所FAQ

　国税庁Q&Aの内容を補足する目的で、日税連から税理士事務所FAQを公表し、事務所設置ルールについてより詳細な内容を記載している。

・事務所設置義務規定関係

Q　Ⅰ－1－1

　通達40－1の改正の趣旨はどのようなものでしょうか。

A　Ⅰ－1－1

　税理士が行う税理士業務は、①税務代理、②税務書類の作成、③税務相談とされており、税理士法においては特定の場所で特定の業務に従事することを求めているものではありません。

　税理士事務所を設置する法的趣旨は、「税理士と顧客、税理士会及び国税当局との法律関係を明確化する等のため」であり、働き方を制限するものではありませんでしたが、改正前の通達が事務所の面から働き方の多様化を阻害しているのではないかとの疑義があったため、改正が行われました。

　今回の通達改正は、税理士や使用人の働き方の多様性を認めるということが基本的考え方になっている。

　まず、税理士業務という法律用語の説明を行った上で、税理士が行う税理士業務は税理士事務所以外の場所であっても執行可能であることについて確

認し、次に、「使用人の有無」という事務所判定要素について、働き方の多様性を阻害している面があったため、そこを改善することも改正の目的であった。

Q　I－1－2
　通達40－1の改正により、法第40条第1項（事務所設置義務規定）の趣旨に変化はありますか。

A　I－1－2
　事務所設置義務規定の趣旨は、税理士業務の社会公共性の高さから、非税理士による行為を排除し、国民の誰もがいつでも税理士のサポートを受けられるようその利便に資する必要があるという点にあり、これらの趣旨に変化はありません。
　今回の改正では、現実に業務を執行する場所ではなく、その業務の責任を負うべき者の所在地を明確にすることが重視されています。
　具体的には、税理士業務契約を締結するときなどにおける本人特定の必要性から、税理士と委嘱者との間の法律関係の明確化を重視し、さらに税理士会からの指導・連絡・監督や、行政官公署からの調査通知等の事務を円滑に行う上で連絡先所在地を特定させる必要性から、税理士会及び行政官庁との間の法律関係の明確化を重視し、事務所の設置義務の主たる目的と位置付けられています。
　なお、連絡先を確保する観点からは、電話番号やIPアドレス等をもって事務所の登録事項とする考え方もあり得ますが、今回の税理士法改正の時点において、個人を特定する手段として最も活用頻度の高い「所在地」の登録をもって事務所の判定基準とすることとされています。

　事務所設置義務規定の趣旨について、基本的に変化はないが、今回の改正では、税理士業務に関し、責任を負うべき者の所在地を明確にすることが重視されている。
　具体的には、税理士業務契約締結時における本人特定の必要性、すなわち「税理士と委嘱者との間の法律関係の明確化」を重視し、更に税理士会からの指導・連絡・監督や、行政官公署からの処分通知等の事務を円滑に行う上で重要となる会員の連絡先所在地を特定させる必要性、すなわち「税理士と、税理士会及び行政官庁との間の法律関係の明確化」も重視する、この二つの法律関係の明確化を事務所の設置義務の主たる目的と位置付けている。

Q　Ⅰ－1－3
　外部に対する表示の例として「看板等物理的な表示」などが示されていますが、より具体的にはどのようなものになるでしょうか。

A　Ⅰ－1－3
　税理士事務所の判定基準となる「外部に対する表示」には、看板等物理的な表示、HPやSNSなどのウェブサイトへの連絡先の掲載のほか、契約書等への連絡先の記載などがあります。なお、ここにいう「外部」とは、税理士業務の委嘱者、税理士会や行政官庁などに限定されない、広く一般の者を含む概念です。
　よって、看板のほか、名刺や封筒に所在地などの連絡先を記載することや、表札・郵便受け等に「税理士事務所」や「税理士法人」と表記することが含まれます。

　新通達40－1における「外部」とは、税理士業務の委嘱者、税理士会や行政官庁などに限定されない、広く一般の者を含む概念であり、表札・郵便受け等に「税理士事務所」や「税理士法人」と表記することも対外表示に含まれる。なお、書面に対する所在地の表示のうち、委嘱者との契約書等の作成や、税理士会への事務所登録上の事務手続なども「対外表示」に該当し、新たに税理士として独立するに当たり、外看板、名刺やウェブサイトなどがなくても、事務所設置義務は果たされることとなる。

Q　Ⅰ－1－4
　登録する事務所の所在地を選定する上での留意点はありますか。

A　Ⅰ－1－4
　税理士事務所に求められる具体的内容は「外部に対する表示」のみとされましたので、どのような場所を選定し登録しても、外部に対する表示がなされていれば登録不可にはならないものと考えられますが、税理士等が自ら管理できない場所は、「税理士業務の本拠」となり得ないため、税理士事務所と認めることはできないと考えられます。
　具体的には、行政官公署等の所在地、他人が経営する喫茶店等や、住所借り事務所等で日本郵便等の転送サービス等の利用を前提とした場所を事務所として選定することは、税理士事務所が税理士自らの管理下とされるべき観点から適当ではないと考えられます。
　また、税理士等が自ら管理できない場所には、例えばメタバース上に設

置された事務所などのいわゆるバーチャル事務所が含まれます。更に、税理士事務所は自己所有または賃貸借契約など自らの管理下とする場所であることが求められますが、これは、親族等が所有又は賃貸借しているものを使用貸借等する場合を含みます。一方で、オフィス環境を他者と共有する形式で事務所スペースを独占的排他的に使用することができない、いわゆるコワーキング（co-working）スペース等の利用権契約に基づき使用されている場合には、本拠とすることが不適当ということになります。

　事務所該当性の判定要素が「外部に対する表示」のみとされたため、どのような場所を選定し登録しても、外部に対する表示がなされていれば登録不可にはならず、原則自由である。一方で、「税理士業務の本拠」となり得ないような場所は、事務所として認めることは適当ではない。

　国税庁Q&Aにもあるように、事務所は自己所有又は賃貸借契約など自らの管理下とする場所であることが求められるが、これは、親族等が所有又は賃貸借しているものを使用貸借等する場合を含み、オフィス環境を他者と共有する形式で事務所スペースを独占的排他的に使用することができない、いわゆるコワーキングスペース等の利用権契約に基づき使用されている場合には、本拠とすることは適当ではないとされた。

　また、例えばメタバースなど、インターネット上の仮想空間に設置された事務所などのいわゆるバーチャル事務所についても登録不可となっている。

Q　Ｉ－１－５
「設備の状況」が事務所の判定要素から削除されたのはなぜでしょうか。

A　Ｉ－１－５
　改正前の通達における事務所の判定要素の１つとして「設備の状況」がありました。税理士業務を執行する上で電話、応接セットやPCプリンターなどの備品類は必要なものではありますが、ICT化社会においては事務所に固定設備として設置されていなくても税理士業務を執行することは可能となっています。
　税理士等が執行する税理士業務は本拠以外の場所で行われても税理士法上の問題はないにもかかわらず、「設備の状況」が事務所の判定要素であり続けると、税理士等又は使用人等がこれらの設備がある場所でサテライトワークすることを事務所の面から規制することとなります。このため、「設備の状況」を事務所の判定要素から外すこととしました。

どのような環境であれば事務所として登録可能か、という観点からは、税理士が、独立して新しく事務所を持つときに、モバイルPCがあれば、固定的な設備がなくても、税務相談などの税理士業務は可能であり、設備は事務所の必要条件・成立要件にはならないと考えられる。

　また、二ヶ所事務所禁止規定の観点からも、事務所以外の場所を作業場・バックヤードとして使うことは問題ないという考え方であるため、「設備の状況」を事務所判定の要素から外すこととされた。

Q　Ⅰ-1-6
　「使用人の有無」が事務所の判定要素から削除されたのはなぜでしょうか。

A　Ⅰ-1-6
　改正前の通達における事務所の判定要素の1つとして「使用人の有無」がありました。これまでは、在宅勤務やサテライトワークが一般的ではなく、使用人等は税理士事務所という物理的な場所で税理士業務を継続的に行うということが専らでした。

　しかしながら、例えば、メールやWEB会議システム、クラウドといったICTの発展により、本拠以外の場所でも税理士業務を継続的に行うことが可能となりました。

　使用人等がいればそこが税理士事務所と判定されることとなると、法第40条第3項（二ヶ所事務所の禁止規定）に抵触することとなり、使用人等がサテライトワークすることなど多様な働き方を事務所の面から規制することとなるため、「使用人の有無」を事務所の判定要素から外すこととしました。

　ここで問題となるのは、使用人等が非行行為を行わないよう、これまでは事務所の面から規制していた役割が弱くなるということです。これについては、法第41条の2（使用人等に対する監督義務）で規制すべきものであり、対面で使用人等を監督できない場合の監督義務が果たされているかどうかについての解釈が通達41の2-1で示されており、この問題への対応が図られています。

　まず、独立開業時の税理士は、使用人不在の状態から事業開始することも多く、事務所の必須要件として「使用人等の有無」を置くことは合理的ではなく、事務所該当性の判定要素から外されることとなった。

　旧通達40-1で「使用人等の有無」が事務所該当性の判定要素とされてき

たことは、「そこに使用人等が存在すれば事務所と判断する」という意味であり、専ら二ヶ所事務所禁止規定に係る判定要素であったと解することができる。今回の改正により、使用人等の監督の問題については、使用人等監督義務規定でカバーされる。

・二ヶ所事務所禁止規定関係

Q　I-2-1

　　新しい通達によって二ヶ所事務所禁止規定の趣旨目的に変化はありますか。

A　I-2-1

　　これまで二ヶ所事務所禁止規定の趣旨は、①法律関係を明確にする上で便宜であること、②個人の監督能力を超えて業務の範囲を拡大することを事務所の面から規制することの2つとされてきましたが、新通達40-1による事務所概念では、法律関係の明確化が主たる規定趣旨になりますので、趣旨目的に一定の変化があると考えられます。

　　使用人等による非税理士行為等抑止の問題については、法第41条の2の使用人等監督義務規定の枠で対応されることになり、事務所内部管理のあり方が強く問われることとなります。

　　この点についての詳細は、「税理士事務所等の内部規律及び内部管理体制に関する指針」を参考にしてください。

　　新通達40-1では、法律関係の明確化が主たる趣旨とされ、大幅な変化ではないが、従来の二ヶ所事務所禁止規定の趣旨に一定の変化が見られる。

　　使用人等による非税理士行為等抑止の問題については、法41条の2の使用人等監督義務規定で対応されることになり、事務所内部管理のあり方が強く問われることとなるため、使用人等監督義務を果たすための「税理士事務所等の内部規律及び内部管理体制に関する指針」を参考とされたい。

Q　I-2-2

　　本拠以外の場所における外部に対する表示について問題にならない場合や、特に注意を要する点はありますか。

A　I-2-2

　　本拠以外の場所に外部に対する表示をしている状態で、税理士業務を行

っている場合などは、原則として二ヶ所事務所禁止規定に抵触することになります（通達40−2）。

　税理士が設置しなければならない事務所は税理士事務所と称する（法40②）とともに、法人については税理士法人という文字を使用しなければなりません（法48の3）ので、本拠以外の場所において、税理士や税理士法人という文字が使用された表示は税理士事務所であるとの誤認を与える可能性が高いことから、外部に対する表示に該当することになります。

　よって、自宅等の表札や郵便受けへの「税理士○○○○（氏名）」等の表示は、その表札等が常識的な大きさのものであっても、外部に対する表示に該当することになります。

　ただし、郵便物等が安全に配達される必要性から、表札等への必要最低限の表示は認められ、個人税理士の場合は「氏名又は名字」、「○○○○（氏名）事務所」という表札や郵便受けの表示は外部に対する表示に該当しないものとして取り扱われます。税理士法人の場合は、例えば「税理士法人○○△△」という名称の場合、「○○△△」や「○○△△事務所」という表記に限られることになります。

　なお、本拠における外部に対する表示については、税理士法人の場合は名称制限があり、個人の場合でも「○○○○税理士事務所」と表記すべきと考えられますが、現状の税理士事務所の外部に対する表示、すなわち、看板や名刺、ウェブサイトでの表示を見ると「○○税務会計事務所」などといった屋号を使用している場合が多くあります。このような現状から、外部に対する表示に「税理士事務所」の6文字がなくても税理士事務所と認識されている状況にあるのが現実であり、外部からの誤認を避けるためには、「○○税務会計事務所」などといった屋号表示であっても本拠以外の場所で使用することは避けるべきであると考えます。

　本拠以外の場所に対外表示することは原則として二ヶ所事務所禁止規定に抵触することになる。

　より具体的には、本拠以外の場所においては、税理士や税理士法人という文字が使用された表示は税理士事務所であるとの誤認を与える可能性が高いことから、外部に対する表示に該当する。例えば、自宅等の表札や郵便受けに「税理士○○○○」等の表示がある場合は、その表札等が常識的な大きさのものであっても、対外表示に該当することになる。

　ただし、郵便物等が安全に配達される必要性から、本拠以外の場所でも、表札等への必要最低限の表示は認められており、個人税理士の場合は「氏名のみの表記」や「○○○○事務所」といった表記を、表札や郵便受けに表示

することは外部に対する表示に該当しないものとして取り扱われる。税理士法人の場合は、例えば「税理士法人○○税務会計」という登録名称の法人の場合、「税理士法人」を外した「○○税務会計」や「○○税務会計事務所」といった表記については対外表示に該当しないこととされた。

　なお、本拠における対外表示に屋号が使用されている場合において、本拠以外の場所において本拠と同一の屋号による表示は対外表示に該当する。

Q　Ⅰ－2－3
　税理士業務を別の税理士等が包括的に引き継ぐような場合、承継する税理士等が元の税理士等の本拠であった場所を使用することは可能でしょうか。

A　Ⅰ－2－3
　承継後の税理士等が元の税理士等の本拠であった場所を使用することは、そこに外部に対する表示がないことを前提に可能と考えます。

　承継後の税理士等と委嘱者との間の新契約書においては、承継後の税理士等の事務所所在地を記載する必要があり、承継前の税理士等の事務所所在地が本拠ではなくなることを委嘱者に説明し、「そこは税理士事務所ではない」ことを認識させ、承継後の税理士の事務所を名刺等で示す必要があります。

　併せて、その場所には承継前の税理士等の外部に対する表示が存在している可能性がありますので、それを撤去し、HPなども削除しなければなりません。

　また、本拠以外の場所への委嘱者の訪問は前提とはしませんが、委嘱者と使用人等が本拠以外の場所で接見し、資料の受渡し等を行うケースもあり得ます。このようなケースは使用人等の非税理士行為又は非税理士行為への加担の問題が生じやすいものと考えられますので、使用人等に監督義務、内部規律等の徹底が求められることになりますし、承継後、本拠ではなくなった場所において税務相談等の税理士業務が行われる機会が多いのであれば、社員税理士の数の要件等はありますが、税理士法人化を検討することも現行制度上問題を少なくする選択であると考えられます。

　なお、本拠以外の場所における使用人等監督のあり方の問題は、税理士等が出張や長期の入院等で不在の場合の本拠たる事務所でも同様の問題であると考えるべきです。

　この項目は、実務上、問題になってきた論点で、これまでは二ヶ所事務所

禁止規定違反とされていた事例であるが、対外表示がないことを前提に可能となり、専ら使用人等監督の問題とされることとなった。

　しかし、これまでの綱紀事例を見てみても、このような事例のケースで、非税理士行為やその加担の問題が生じやすいのも事実であり、使用人等に対する研修や、事務所内管理体制の充実が大前提となることは言うまでもなく、また、上記のような懸念を払拭するため、税理士法人化の検討が推奨されている。

　この事例の場合の監督も容易ではないが、本拠1ヶ所に税理士が1人で使用人が数百人というような場合も、使用人等監督は容易ではない。また、出張がちの税理士における税理士事務所の内部規律についてもこの事例と同じような問題が存在し、今回の事務所ルールの変更を機に、物理的に税理士が不在である場合の使用人等監督・内部規律について、再確認・充実化を図る機会とすべきであろう。

・税理士である公認会計士の公認会計士事務所関係

Q　I-3-1
　使用人等の監督義務が果たされている状況であれば、本拠以外の場所における使用人等の税理士業務の補助業務は可能であると考えられます。本拠以外の場所において公認会計士としての外部に対する表示しかなければ、当該監督義務が果たされていることを前提に、二ヶ所事務所禁止規定に抵触しないと考えることは可能であると考えられますが、いかがでしょうか。

A　I-3-1
　税理士法では、税理士等の働き方について、特定の場所で特定の業務に従事することは求めているものではありません。したがって、税理士等や使用人等が、どこで税理士の業務を執行しても問題はありません。
　一方で、事務所判定の観点からは、本拠以外の公認会計士業務を行う事務所が税理士事務所と誤認される外部に対する表示をし、税理士業務を行っている場合は、二ヶ所事務所禁止規定の違反となります。

　従来の通達番号40-2が40-3となり、文言の整理がなされた。
　日税連の税理士事務所FAQには、「税理士の業務とテレワークFAQ」という税理士や使用人等の種別ごとの留意点を記載しているので参照されたい。

③　税理士事務所等の内部規律及び内部管理体制に関する指針

　　事務所設置ルールの改正により重要性が増した使用人等監督義務の履行を支援するものとして、税理士事務所等の内部規律及び内部管理体制に関する指針について、ICT化やテレワークの観点から全面的な見直しが行われた。

・税理士業務と税理士の業務

　　「税理士業務」とは、法2条1項各号に定められる「税務代理」と「税務書類の作成」と「税務相談」の三つの業務を指す（法2条2項カッコ書）。これらの業務は、いわゆる無償独占規定（法52条）の適用対象業務であり、税理士業務は、税理士又は税理士法人以外の者（使用人等を含む。）は執行することができない。また、税理士業務は、帳簿作成の義務（法41条）や使用人等監督義務（法41条の2）など多くの税理士法上の義務規定の対象業務となる。

　　「税理士の業務」とは、法2条及び法2条の2に規定される業務であり、具体的には、税理士業務と、その付随業務（法2条2項）及び補佐人業務（法2条の2）を合わせた概念となる。

　　また、税理士業務の付随業務は、「税理士の名称を用いて、他人の求めに応じ、税理士業務に付随して、財務書類の作成、会計帳簿の記帳の代行その他財務に関する事務を業として行う」業務であり、税理士業務に付随しないいわゆる一般会計業務とはその点において違いが認められる。

・使用人等監督義務が及ぶ範囲

　　法41条の2に規定する「使用人等」とは、税理士と雇用関係にある使用人、家族従業員のほか、雇用関係に基づかない者であっても税理士業務に関して税理士の支配、監督権や指揮命令権の及ぶすべての者を含む概念とされるが、雇用関係に基づかない者であっても、指揮命令権の及ぶ者を含めることが確認された。具体的には派遣社員を使用人等の概念に含め、フリーランスに対する外注の場合のような税理士の指揮命令等が法律的に及ばない場合は、法41条の2の監督義務の履行も困難であることから、税理士業務の補助をさせることは適当ではない、という考え方が示された。

　　例えば、税理士と直接雇用契約関係のない会計法人の職員に税理士業務の補助を執行させることには問題がある、ということになる。

　　また、法41条の2の使用人等監督義務は、使用人等に税理士業務の補助業務を執行させる場合を前提とする義務と考えられるが、税理士業務の補助とそれ以外の業務の補助は実務上一体化している場合が多く、その境があいまいになりやすいことについて注意喚起しつつ、一方で、使用人等の監督責任上その違いを厳密に区別する実益はなく、税理士業務の補助業務もそれ以外

の業務の補助業務も同等の注意力をもって使用人等の監督が行われるべきとしている。

・派遣労働者の受け入れについての留意事項
　使用人を雇用する場合には、就業規則又は服務規則に加え、更に誓約書を提出させるなどの対応により税理士法の遵守を使用人に求めている。しかし、派遣労働者については税理士との間に雇用関係がないため、事務所の就業規則又は服務規則によって同様の義務を課すことはできない。このため、税理士法遵守のための規定を労働者派遣契約に追加する必要性について記載されている。

　また、派遣労働者から税理士法の遵守に関する誓約書の提出を求めることができる旨の規定を追加し、その提出させる誓約書については、使用人等の監督責任を果たすために、雇用する使用人が提出している誓約書の内容に加えて、就業規則や服務規則の中で必要な項目も入れることが推奨される。

・税理士事務所（本拠）以外で業務を行う場合の留意点
（税務代理に係る税理士業務の補助業務）
　税務調査等において、税務官公署に対する主張・陳述を行うための資料等の作成を補助する業務は税務代理に係る税理士業務の補助業務と考えられるが、情報通信技術を活用するなどして、当該資料等の作成の詳細について事後確認可能な方法等が確立されていれば使用人等の執務場所を問わず、税理士による監督責任が果たされていると考えられる。
（税務書類作成に係る税理士業務の補助業務）
　税理士による監督の下、使用人等が関与先の税務書類等の原案を作成し、最終的に税理士がチェックして完成させる過程において、情報通信技術を活用するなどして、使用人が税理士業務の補助を行った履歴を事後確認可能な方法等が確立されていれば、使用人等の執務場所を問わず、税理士による監督責任が果たされていると考えられる。
　例えば、税理士が内容を確認した上で書類作成完了の登録をし、税理士による登録解除がない限り内容の変更ができない機能が施されたソフトにおいては、当該登録までの入力作業は税理士業務の補助業務として整理する。
（税務相談に係る税理士業務の補助業務）
　例えば、次の事務が行われているような場合は、使用人等の執務場所を問わず、税理士による監督責任が果たされていると考えられる。

予め税務相談の回答が準備されている場合	相談履歴簿に、相手先、日付、場所、相談内容、回答内容を記載し、税理士に報告。税理士が内容確認し、確認済の処理を行い保存する。この相談履歴簿は使用人等の業務日報の一部となる。 税理士は業務処理簿に同様の内容を記載し、保存する。
税務相談に対し、使用人等が仮の回答をする場合	相談履歴簿への記載、税理士への報告後、税理士が内容確認し、直接相談者に回答の修正を行う。直接行うことが難しい場合は、修正内容を使用人等に伝え、回答行為補助を行わせる。その他は「予め」の場合と同じ手続が必要である。
税務相談に対する仮の回答が難しかった場合	相談履歴簿への記載、税理士への報告後、税理士が直接相談者に回答を行う。直接相談者に回答することが困難な場合は、回答内容を使用人等に伝え、回答行為補助を行わせる。

・税理士の業務を外部に委託する場合の留意事項について、会計法人への外部委託の問題、復代理契約、フリーランス等に外部委託する場合の別にまとめられた。なお、会計法人に対し付随業務を外部委託する場合の留意点は次のとおりである。

> 委託主である税理士が主宰する会計法人（以下「主宰会計法人」という。）に対し、業務委託を行う場合は以下の点に留意すべきである。
> ・主宰会計法人の業務及び使用人の監督の観点から、主宰会計法人の代表者には税理士自身が過半数を超える出資の割合をもって就任し、責任を負うべきである。
> ・主宰会計法人の会計業務も税理士の責任が求められることから、税理士は主宰会計法人を一体として管理、運営する必要がある。このことから主宰会計法人の本店所在地は税理士事務所の本拠と同一所在地とすべきである。
> ・主宰会計法人の支店等に会計法人名を外部表示する際は、税理士事務所と誤認されるのを避けるため表札、郵便ポストなどの必要最低限に留めるべきである。
> ・税理士は、会計業務と税理士業務を一括して契約し、会計業務を主宰会計法人へ委託する方式を採用すべきである。
> ・会計業務と税理士業務の一括契約を前提としているが、会計業務を税理士業務と分割して契約する場合においては、主宰税理士として

会計業務に対する責任を明確にするとともに、税理士と委嘱者との契約においても、会計業務については主宰会計法人との契約になることを明確にすべきである。

・会計法人が納税者と会計業務及び税理士業務を一括して契約し、税理士業務を税理士事務所等へ委託する形態は、「会員は、委嘱者から直接業務委嘱を受けなければならない」とする各税理士会の綱紀規則（準則）第10条第2項（業務委嘱契約）に抵触する。なお、会計法人及びその使用人が税理士業務を行っている場合には、法第52条（税理士業務の制限）に該当し、税理士法違反となることに留意しなければならない。

・税理士は使用者責任上から、主宰会計法人の使用人が税理士業務及び補助業務を行うことのないよう監督をしなければならない。

・税理士法人の社員には、法第48条の14の規定により、社員の競業禁止が規定されており、自己又は第三者のために「税理士法人の定款に定める業務の範囲に属する業務」を行ってはならないとされている。したがって、税理士法人の定款の目的に会計業務を記載した場合、社員税理士は他の会計法人の取締役等に就任して会計業務を行うことはできないことに留意しなければならない。

④ **事務所の名称に係る日税連会長示達**

　法40条2項により、税理士名簿に登録される税理士事務所の名称は「(氏名)税理士事務所」（又は「税理士(氏名)事務所」）とされるところ、税理士名簿に登録される税理士事務所の名称以外の屋号等を外部に対する表示に使用する例が少なからず存在している。

　一方、令和4年の税理士法基本通達の改正により、税理士事務所の定義が見直され、税理士事務所は税理士業務の本拠とされ、本拠であるか否かは看板等の物理的な表示やウェブサイトへの掲載、契約書等の記載等の外部に対する表示に係る客観的事実によって判断されることとなった。

　したがって、今後、税理士事務所であるか否かの判断基準が「外部に対する表示」となることに鑑み、屋号等の使用を妨げるものではないものの、国民の税理士制度に対する信頼の一層の向上を図るという観点から、税理士事務所が用いる外部に対する表示について、令和5年4月以降、税理士名簿に登録された「(氏名)税理士事務所」（又は「税理士(氏名)事務所」）の名称を使用することが望ましい。

　日税連は上記について、令和5年2月に各税理士会会長に対して会長示達を発信し、会員、とりわけ新入会員への助言方を要請した。

3 税務代理における利便の向上

◆ (1) 改正の概要

① 税務官公署に対してする主張若しくは陳述の前提となるような、更正通知書や賦課決定通知書等の書類の代理受領行為は、税務代理に含まれることを通達で明確化する（令和4年4月1日適用）。

② 税務代理に含まれない代理行為についても、その代理関係を税務代理権限証書の中で明示できるよう、税務代理権限証書の様式を見直す。税務代理に関する代理関係が終了した場合の手続についても通達で明確化する（令和6年4月1日適用）。

◆ (2) 改正の背景

法2条1項1号に掲げる税務代理は、税務官公署に対する申告等又はその申告等若しくは税務官公署の調査若しくは処分に関し税務官公署に対してする主張若しくは陳述につき、代理し、又は代行することとされている。税理士は、この法2条1項1号に基づき、納税者の税務代理人として申告や申請等を行ってきたが、税務官公署から納税者に対して送付される書類の受領の代理が、税務代理の範囲となるか否かは明確にされていなかった。

例えば、法34条に定める調査の事前通知では、調査の日時・場所を納税者への通知と併せて税理士に通知するとされ、納税者の同意がある場合は、税理士のみへの通知で足りるとされている。また、加算税賦課決定通知書、更正の請求に伴う通知や更正通知などの書面通知については、一部の局署においては税理士の代理受領の運用が行われているケースもあった。さらに、税理士が税務代理をする場合は、税務官公署に税務代理権限証書を提出しているが、委嘱者である納税者の納税証明書を代理受領する場合には、別途、委任状の提出が必要であった。

こうした背景から、税務代理の範囲に、「税務官公署から納税者に対する通知等の受領を代理すること」が含まれることを明確化し、納税者利便に向けた改正が求められることとなった。

① **税務代理の範囲の明確化**

　今般の見直しでは、まず、税務官公署から納税者に対して行われる通知等について、税務代理として受領できるものと、そうでないものとが区分された。税務官公署から納税者に送付されるものには、税務調査の結果の通知など納税者の権利・利益に関係する文書がある一方で、税制の取扱いなど情報として送付している文書がある。税務代理が、納税義務の適正な実現を図るという使命が課されている税理士に対し、独占させるべき業務であることを踏まえれば、単に税制の取扱い等の案内の受領までも税理士に独占させるべき業務とすることは、税理士業務の範囲の拡大となり、他士業の業務にも影響が大きくなってしまう。

　そこで、納税者に対して送付される文書等のうち、税務官公署に対してする主張や陳述の前提となるものについて代理して受領することは、税務代理の範囲に当たると整理された。

　具体的には、次のとおり通達が改正され、税務代理の範囲として、更正の請求に伴う通知や予定納税額の通知など、税務官公署に対して主張する若しくは陳述の前提となる通知の受領行為が含まれることが明確化された。

■税理士法基本通達

（税務代理の範囲）

２－３　法第２条第１項第１号に規定する「税務代理」には、税務官公署に対してする主張又は陳述の前提となる税務官公署から納税者に対して発する書類等の受領行為を含むほか、分納、納税の猶予等に関し税務官公署に対してする陳述につき、代理することを含むものとする。

　㊟　上記の「税務代理」に含まれる「税務官公署に対してする主張又は陳述の前提となる税務官公署から納税者に対して発する書類等の受領行為」には、国税通則法（昭和37年法律第66号）第117条第１項に規定する納税管理人又は同条第５項に規定する特定納税管理人が、その処理すべき事項として行う税務官公署から納税者に対して発する書類等の受領行為は含まれないことに留意する。

　今回の通達改正により明確になった税務代理の範囲に含まれる代理受領について、その対象は書面（紙）によるものと電子による通知の両方となっている。しかし、例えば、予定納税額の通知等、同時期に大量の通知を出すものなどについては、税務官公署において大幅なシステム改修が必要となる。また、システム改修を行わずに運用を始めた場合、代理受領ができるものと

そうでないものを税務官公署職員が手作業で仕分けする作業が発生するとともに、システムに登録されている宛先（納税者）以外の宛先への誤送付等にもつながるおそれがある。

　そこで、税務行政の事務効率化の観点も踏まえ、当面は、税理士が代理受領できる通知等は、電子的な通知に限定されることとなった。今後、電子的送付のシステム対応が整い、また、税理士業務のICT化が浸透することで、紙による通知の絶対量が減り、多くの人員を割くことなく書面通知による運用が可能となってくることが期待される。

　なお、令和6年4月1日以降、税理士が代理受領できる電子通知は次のとおりである。

No	対象とする通知等	根拠条文
1	更正の請求に伴う通知	国税通則法23④
2	更正の請求に係る更正通知	国税通則法28①
3	期限後申告書の提出若しくは修正申告書の提出又は更正の請求に係る更正があった場合に課する加算税に係る賦課決定通知	国税通則法32③④
4	予定納税額の通知	所得税法106、109
5	予定納税額の減額申請に係る承認又は却下の通知	所得税法113③
6	適格請求書発行事業者の登録通知	消費税法57の2⑦

※上記以外の通知書の電子化については税制改正が必要となる。

②　税務代理以外の行為の委任に関する税務代理権限書の活用と税務代理権限証書の改正

　請求した納税証明を税理士が代わって受け取るといったような税務代理に含まれない代理行為について、今までは別途委任状を作成して税務署に提出していたが、納税者、税理士の利便性の向上の観点から、この代理関係を税務代理権限証書の中で明示できるようになった。これにより、例えば、納税者の納税証明書の請求及び受領の双方を代理する場合には、税務代理権限証書の代理請求に関する委任事務と代理受領に関する委任事項を、一の税務代理権限証書により、税務官公署に示すことができるようになる。

　このほか、「調査の終了の際の手続に関する同意」欄と、書類の受領について税務代理を委任（受任）する場合にその書類の名称を記載する「税務代理の対象となる書類の受領に関する事項」欄を税務代理権限証書に設けることで、同証書の利便性が高まった。

　なお、この様式は、令和6年4月1日から使用される。

税 務 代 理 権 限 証 書

受付印

※整理番号 [_____]

令和　年　月　日
　　　　　　　　殿

税理士又は税理士法人	氏名又は名称	
	事務所の名称及び所在地	電話(　　　)　　　－
	所属税理士会等	税理士会　　　　　　支部 登録番号等　第　　　　　　　号

　上記の　税理士
　　　　　税理士法人　を代理人と定め、下記の事項について、税理士法第2条第1項第1号に規定する税務代理を委任します。
　　　　　　　　　　　　　　　　　　　　　　　　　　令和　年　月　日

過年分に関する税務代理	下記の税目に関して調査が行われる場合には、下記の年分等より前の年分等（以下「過年分」といいます。）についても税務代理を委任します（過年分の税務代理権限証書において上記の代理人に委任している事項を除きます。）。【委任する場合は□にレ印を記載してください。】	□
調査の通知・終了の際の手続に関する同意	上記の代理人に税務代理を委任した事項（過年分の税務代理権限証書において委任した事項を含みます。以下同じ。）に関して調査が行われる場合には、私（当法人）への下表の通知又は説明等は、私（当法人）に代えて当該代理人に対して行われることに同意します。【同意する場合は□にレ印を記載してください。】	
	調査の通知	□
	調査終了時点において更正決定等をすべきと認められない場合における、その旨の通知	□
	調査の結果、更正決定等をすべきと認められる場合における、調査結果の内容の説明等 （当該説明に併せて修正申告等の勧奨が行われる場合における必要な説明・書面の交付を含む。）	□
代理人が複数ある場合における代表する代理人の定め	上記の代理人に税務代理を委任した事項に関しては、当該代理人をその代表する代理人として定めます。【代表する代理人として定める場合は□にレ印を記載してください。】	□
依　頼　者	氏名又は名称	
	住所又は事務所の所在地	電話(　　　)　　　－

1　税務代理の対象に関する事項

税　目 (該当する税目にレ印を記載してください。)		年　分　等
所得税(復興特別所得税を含む) ※　申　告　に　係　る　もの	□	平成・令和　　　　　　　　年分
法　人　税 (復興特別法人税・ 地方法人税を含む)	□	自　平成・令和　年　月　日　至　平成・令和　年　月　日
消　費　税　及　び 地方消費税（譲渡割）	□	自　平成・令和　年　月　日　至　平成・令和　年　月　日
所得税(復興特別所得税を含む) ※　源泉徴収に係るもの	□	自　平成・令和　年　月　日　至　平成・令和　年　月　日 （法　定　納　期　限　到　来　分）
	□	
	□	
	□	

2　税務代理の対象となる書類の受領に関する事項

3　その他の事項

- -

委　任　状

令和　年　月　日

上記の_____を代理人と定め、_____

_____について、委任します。

　依頼者：_____　（住所又は事務所の所在地は、上記税務代理権限証書に記載のとおり）

※事務処理欄	部門		業種		他部門等回付	・　・　（　　　）部門

36

③　代理関係が終了した場合の手続の新設

　　税務代理の範囲に受領行為が含まれることが明確化されたことにより、税務官公署では、これまで運用で行っていた代理人への通知について、より厳格に運用する必要が出てくる。例えば、納税者の税務代理人に予定納税額の通知を行ったところ、既に当該納税者の税務代理をしていなかったというケースなどが出てくるおそれがあることから、税務官公署では、通知発出時点における納税者の税務代理人が誰なのか、常に、納税者の税務代理関係を把握しておかなければならない。

　　そこで、税務代理に関する代理関係が終了した場合の手続として、新たに、「税務代理権限証書に記載した税務代理の委任が終了した旨の通知書」様式が制定された。

　　税理士は、納税者との間で税務代理の委任が終了したときは、当該「税務代理権限証書に記載した税務代理の委任が終了した旨の通知書」により、所轄の税務官公署に最新の委任状況を伝え、これにより、税務官公署は、通知すべき相手に正しく通知できることとなる。

　　なお、この終了したときの通知は義務ではないため、税理士の協力も必要となってくる。納税者の利便性を高めるとともに、納税者の情報の秘密保持のためにも、委任関係が終了した場合には、速やかに当該通知を送る運用が望まれるところである。

税務代理権限証書に記載した税務代理の
委 任 が 終 了 し た 旨 の 通 知 書

※整理番号

受 付 印	令 和　年　月　日 殿	税 理 士 又 は 税理士法人	氏名又は名称	
			事務所の名称 及び所在地	電話(　　)　　－
			所属税理士等	税理士会　　　　　　　　支部
				登録番号等　第　　　　　　号

平成・令和　　　年　　　月　　　日(e-Tax 受付番号：　　　　　　　)に提出した「税務代理権限証書」に記載した税務代理については、令和　　年　　月　　日に委任が終了した旨を通知します。

過年分に関する税務代理	上記の「税務代理権限証書」に記載した各税目に関する年分に加えて、当該「税務代理権限証書」の「過年分に関する税務代理」欄の□にレ印がある場合における当該過年分の各税目に係る税務代理についても、委任が終了した旨を通知します。【通知する場合は□にレ印を記載してください。】	□
依頼者で あったもの	氏名又は名称	
	住所又は事務所の所在地	電話(　　)　　－

参考（任意）

上記の「税務代理権限証書」に記載した事項

		有		無	
過年分に関する税務代理		有	□	無	□
調査の通知・終了の際の手続に関する同意					
調査の通知		有	□	無	□
調査終了時点において更正決定等をすべきと認められない場合における、その旨の通知		有	□	無	□
調査の結果、更正決定等をすべきと認められる場合における、調査結果の内容の説明等（当該説明に併せて修正申告等の勧奨が行われる場合における必要な説明・書面の交付を含む。）		有	□	無	□
代理人が複数ある場合における代表する代理人の定め		有	□	無	□

1　税務代理の対象に関する事項

税　目 （該当する税目にレ印を記載してください。）		年　分　等
所得税（復興特別所得税を含む） ※　申　告　に　係　る　もの	□	平成・令和　　　年分
法　人　税 〔復興特別法人税・ 地方法人税を含む〕	□	自 平成・令和　年　月　日　至 平成・令和　年　月　日
消　費　税　及　び 地方消費税（譲渡割）	□	自 平成・令和　年　月　日　至 平成・令和　年　月　日
所得税（復興特別所得税を含む） ※　源　泉　徴　収　に　係　るもの	□	自 平成・令和　年　月　日　至 平成・令和　年　月　日 （法　定　納　期　限　到　来　分）
	□	
	□	
	□	

2　税務代理の対象となる書類の受領に関する事項

3　その他の事項

委任状に記載した委任が終了した旨の通知書

令和　　年　　月　　日

令和　　年　　月　　日(e-Tax 受付番号：　　　　　　　)に提出した「委任状」に記載した委任については、令和　　年　　月　　日に終了した旨を通知します。

氏名又は名称：

（住所又は事務所の所在地は、上記「税務代理権限証書に記載した税務代理の委任が終了した旨の通知書」に記載のとおり）

参考（任意）

上記の「委任状」に記載した事項

委任事項	

※事務処理欄	部門		業種		他部門等回付	・　・　(　　)部門

4 税理士会等における会議招集通知・委任状の電子化

◆ (1) 改正の概要

① 日税連における総会及び税理士会における設立総会・総会の招集通知について、書面のほか、電磁的記録により行うことを可能とする（令和4年4月1日施行）。

② 総会における欠席者の議決権行使（意見委任）について、書面のほか、電磁的記録により行うことを可能とする（令和4年4月1日施行）。

◆ (2) 改正の背景

　従来、日税連及び税理士会の総会招集通知の手段については、施行令8条及び12条により書面に限定されていたが、通知を受け取る会員の利便性向上やコロナ禍を踏まえた安全性確保、税理士会の経費削減及び事務負担軽減の観点から、書面によらず、電磁的な方法により通知できるようにすべきとの要請が高まっていた。

　欠席者の委任による議決権の行使についても同様である。現在の委任状の運用は、事前に委任相手に送付して当該委任相手が会場に持参することも可能なものの、基本的には税理士会に事前に送付している（特定の会員を指定した上で送付するか、白紙委任の場合はあらかじめ理事会等で選定された者への委任として取り扱われる。）。

　日税連及び税理士会においては、コロナ禍を契機に、税理士の業務の電子化・デジタル化のみならず、会務の電子化・デジタル化を積極的に推進してきた。ウェブ会議システムを利用した会議や税務支援、事務局職員の在宅勤務、電子決裁システムの導入などであり、総会運営の電子化についても、こうした取組みの一環として日税連が要望したものである。

◆ (3) 改正の内容

① 総会招集通知の電子化

　日税連及び税理士会の総会の招集通知について、電磁的記録により通知す

ることができることとされた（施行令7②、8、12②）。

　本改正は税理士会に電磁的記録による通知を求めるものではない。法令上は電子でも書面でも可能な規定とし、実際にどのような通知手段とするかは税理士会の自治に委ねられるものであり、税理士会は、会則等を整備することにより、電磁的記録による通知が可能となる。

　なお、現状においては、送信者において受信者に通知が到達したことを確認できるシステムが十分ではないことから、日税連が制定した税理士会標準会則においては、会員への通知を電磁的方法により行う際は、会員の権利を守る観点から、当該会員の承諾が必要と規定している。

■税理士法施行令
（総会の招集）
第8条　税理士会は、総会を招集しようとするときは、その日時及び場所並びに会議の目的となる事項を、会日より2週間前までに、当該税理士会の会則で定めるところにより、会員（会員である税理士に限る。次条において同じ。）に書面又は電磁的記録により通知しなければならない。

---

②　税理士会の設立総会等における欠席者の議決権の行使の委任の電子化

　税理士会の設立総会並びに税理士会及び日税連の総会における欠席者の議決権について、あらかじめ会議の目的となる事項につき賛否を明らかにした電磁的記録をもって出席者に委任することにより行使することができることとされた（施行令7④、9③、12②）。

　なお、実際にどのような手段をとるかについての判断が税理士会の自治に委ねられている点は総会招集通知と同様である。

■税理士法施行令
（税理士会の設立）
第7条
4　会員となるべき税理士で設立総会に出席することができないものは、あらかじめ会議の目的となる事項について賛否の意見を明らかにした書面又は電磁的記録をもつて出席者に委任して、その議決権を行使することができる。

5

税理士名簿等を作成可能な電子記録媒体の明確化

◆ ⑴　改正の概要

　日税連が作成する税理士名簿・税理士法人名簿、税理士（通知弁護士含む。）・税理士法人が作成する税理士業務に関する帳簿、税理士法人が作成する会計帳簿は、書面のほか、媒体を問わず電磁的記録をもって作成できることとする（令和4年4月1日施行）。

◆ ⑵　改正の背景

　改正前は、日税連が備える税理士名簿や税理士法人名簿、税理士・税理士法人が作成する業務処理簿について、書面のほか、磁気ディスク（これに準ずる方法による一定の事項を確実に記録しておくことができる物を含む。）をもって調製することができると規定されており、記録媒体がHDD（Hard Disc Drive）やFDD（Floppy Disc Drive）などの磁気ディスクに限定されていた。
　しかし、現在、パソコンの内臓ドライブはHDDではなくSSD（Solid State Drive）、また、記録媒体としてはDVDやCD、USBメモリ、クラウド・サーバ等が主流であり、FDDは既に時代に合わない状況になっている。こうしたことから、日税連が、「磁気ディスク」より広範な意味を持つ「電磁的記録」に改正することを求めたものである。

◆ ⑶　改正の内容

　経済社会のICT化の進展を踏まえ、税理士名簿（法19③）、税理士業務に関する帳簿（法41③）、税理士法人の名簿（法48条の10③）について、磁気ディスクをもって調製する方法に代えて、電磁的記録により作成することができることとされた。
　また、税理士法人が作成すべき会計帳簿（施行規則22の2②）について、「電磁的記録」のカッコ書きで規定されていた「磁気ディスクをもつて調製するファイルに情報を記録したものに限る。第22条の4において同じ。」との制限が撤廃された。

■税理士法
（税理士名簿）
第19条
  3　日本税理士会連合会は、財務省令で定めるところにより、第１項の税理士名簿を電磁的記録をもつて作成することができる。

（帳簿作成の義務）
第41条
  3　税理士は、財務省令で定めるところにより、第１項の帳簿を電磁的記録をもつて作成することができる。

（成立の届出等）
第48条の10
  3　日本税理士会連合会は、財務省令で定めるところにより、前項の名簿を電磁的記録をもつて作成することができる。

■税理士法施行規則
（会計帳簿）
第22条の２（令和５年度改正で第22条の３、令和６年４月施行）
  2　会計帳簿は、書面又は電磁的記録をもつて作成をしなければならない。

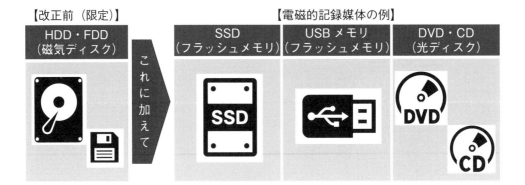

【改正前（限定）】　　　　　　　　　　【電磁的記録媒体の例】

| HDD・FDD（磁気ディスク） | これに加えて | SSD（フラッシュメモリ） | USB メモリ（フラッシュメモリ） | DVD・CD（光ディスク） |

第3章

多様な人材の確保

6 税理士試験の受験資格要件の緩和

◆ (1) 改正の概要

税理士試験の受験資格について、以下のとおり緩和する（令和5年4月1日施行＝令和5年度（第73回）税理士試験から適用）。

① 会計学に属する科目の受験資格を撤廃する。

② 税法科目の受験資格において、学識による受験資格を満たそうとする場合に履修を要する学問の範囲（履修科目要件）について、現行の「法律学又は経済学」を緩和し、「社会科学に属する科目」とする。

◆ (2) 改正の背景

税理士試験の受験者数は年々減少傾向にあり、令和元年以降の受験者数は3万人を割り込んでいる。平成22年の受験者数（51,468人）と比較すると4割以上減少しており、特に若年層の受験者数の減少が顕著となっている。

税理士試験受験者年齢層の推移（13年間）

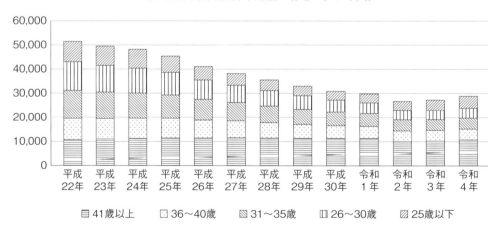

税理士試験受験者年齢層の推移（参考：国税庁ホームページ）

	平成22年	平成23年	平成24年	平成25年	平成26年	平成27年	平成28年	平成29年	平成30年	令和1年	令和2年	令和3年	令和4年	H22-R4年の変動率
41歳以上	10,740	10,974	11,185	11,481	11,449	11,571	11,489	11,320	11,309	11,318	10,105	10,289	10,805	100.6%
36～40歳	8,779	8,520	8,434	8,149	7,460	6,986	6,351	5,798	5,268	4,997	4,343	4,334	4,407	50.2%
31～35歳	11,634	10,995	10,428	9,643	8,570	7,686	6,918	6,270	5,716	5,360	4,619	4,506	4,581	39.4%
26～30歳	11,851	10,955	10,302	9,352	8,005	7,092	6,380	5,626	4,900	4,398	3,890	3,890	4,131	34.9%
25歳以下	8,464	8,066	7,774	6,712	5,547	4,840	4,451	3,960	3,657	3,706	3,716	4,280	4,929	58.2%
受験者数計	51,468	49,510	48,123	45,337	41,031	38,175	35,589	32,974	30,850	29,779	26,673	27,299	28,853	56.1%

【参考】

合格者数	999	1,094	1,104	905	910	835	756	795	672	749	648	585	620	62.1%
合格率	1.94%	2.21%	2.29%	2.00%	2.22%	2.19%	2.12%	2.41%	2.18%	2.52%	2.43%	2.14%	2.15%	―

　若年層の税理士の供給源が税理士試験であることは論を待たないところであるが、税理士試験受験者の減少は若年層の税理士の供給が先細りすることにつながり、申告納税制度を支える将来世代の税理士の枯渇につながりかねない。税理士制度は申告納税制度を支える社会インフラであり、その維持・発展を図る観点から、日税連では税理士試験受験者数減少に早急に対応すべく、検討を行った。

　資格試験受験者数が減少していることは税理士試験に限ったことではなく、他の国家資格試験でも同様の減少傾向が認められる。また、税理士試験の受験者数の減少についても様々な要因が考えられる。例えば、少子化による若年層の減少、税理士の魅力が伝えられていないのではないか、他の資格試験に流れているのではないか、税理士試験は合格までの所要年数が他の資格試験と比較して長期化しているイメージがあって敬遠されているのではないか、など様々な要因が指摘されているところである。おそらく要因は一つではなく複合的なものであって、税理士試験のあり方のみを改正してもそのすべての要因に対応したことにはならない。

　しかし、受験者数の減少への対応は喫緊の課題であることから、税理士試験制度改革の第一歩として、多様な人材の確保、とりわけ、税理士試験の受験者数の減少に対処するため、できるだけ早い時期に税理士試験の受験をスタートできるよう、税理士試験の入り口に当たる受験資格要件の緩和を行うこととなった。

　会計科目の受験資格要件の撤廃と、学識による受験資格を満たそうとする場合の履修科目要件である「法律学又は経済学」を緩和し、「社会科学に属する科目」とすることとなった。

　会計科目の受験資格要件を撤廃することにより、早い段階での受験が可能になるとともに、誰でも受験することが可能となり、大学1〜2年生からでも、あるいは大学進学をしていなくても受験ができるようになる。多くの受験生が会計科目の勉強から始めることを考えると、会計科目の受験資格要件の撤廃は、受験希望者に対して早期の受験開始を促すことと、これまで税理士試験に触れてこなかった層に受験機会を提供することになる。

　若年層は相対的に科目合格を含めた合格率が高いことから、早期の受験が可能になって若年層の受験者数の増加につながれば、合格年齢の引下げや合格までの所要年数短縮の効果が期待できる。

　また、受験資格を不要としている他の国家資格試験ともスタートラインを一致させることにもなり、若年層が職業選択を行う際に税理士がその選択肢に入ってくることも期待されるところである。

　現在、合格年齢は高齢化している状況であるが、税理士試験の統計資料の年齢別の合格率を確認すると、25歳以下の受験生については一部科目合格を含めた合格率は約30％であることから（令和4年度は30.9％）、早期の受験を可能とすることは早期の合格につながることが期待できる。

【税理士試験】

令和4年度（第72回）税理士試験結果発表（年齢別）／国税庁ホームページより

区分		受験者数 (A)	合格者数等			合格率 (B)／(A)	合格者構成比
			5科目到達者数	一部科目合格者数	合格者数合計 (B)		
年齢別	41歳以上	10,805	274	965	1,239	11.5%	22.0%
	36〜40歳	4,407	112	743	855	19.4%	15.2%
	31〜35歳	4,581	114	901	1,015	22.2%	18.0%
	26〜30歳	4,131	82	911	993	24.0%	17.7%
	25歳以下	4,929	38	1,486	1,524	30.9%	27.1%
合計		28,853	620	5,006	5,626	19.5%	100.0%

　税法科目の受験資格については、学識による受験資格を満たそうとする場合に求める学問の範囲を「法律学又は経済学」から「社会科学に属する科目」に

緩和する。社会科学とは、法律・経済のほか、政治・行政・社会・経営・教育・福祉・情報など、広く社会に関わる多様な学問分野をいう[1]。これは、税理士の活動範囲の拡大によって、税理士には広く社会に関する基礎的素養が求められるようになっていること（税理士の業務の多様化）、大学教育のカリキュラム編成の制約緩和や複数の学問分野にまたがる学際的研究の発展に応じて授業科目の内容や名称の多様化も進んでいることから（学校教育における学問科目の多様化）、多様な人材の確保を念頭に置いたものである。

　履修科目については、法学部や経済学部以外の学生についても一般教養科目において社会科学に属する科目を履修することで受験資格要件を満たすことができ、これにより、これまで受験が叶わなかった層に受験機会を提供することができるようになった。大学卒業後に税理士試験の受験を目指したものの、法律学等の履修をしていなかったために税理士試験の受験をあきらめるケースもあったと側聞しているが、今回の履修科目要件の緩和により、このような層にも受験機会を提供できるようになった。この中には理系学部卒業生なども含まれ、今回の改正の柱であるICT化社会への対応も含め、多様な人材の確保が進むことも期待される。

◆ ⑷　今後の課題

　今回の改正で受験資格要件が緩和されたことで、受験に対するハードルは下がったが、税理士試験そのものについても検討すべき事項が残っており、この検討はまだ途中段階である。税理士試験については様々な課題が指摘されており、この点は引き続き日税連においても検討を進めることとされている。合格者の質を落とすことなく、受験生にとって受験しやすい環境の整備や出題方法を模索するなど、改善を図っていく必要があろう。

　また、受験者数の減少に歯止めをかけるには試験制度だけの問題ではなく、

若年層を中心とした社会全体に税理士の魅力を伝えていく取組みが必要となる。

　これらの取組みを通じて、税理士が「なりたい仕事」になっていくことを期待したい。

1　学問を画一的に分類することは一般的に困難だが、文部科学省「学校基本調査」に付属している大学（学部）学科系統分類表においては、「法律学」は中分類「法学・政治学関係」の、「経済学」は中分類「商学・経済学関係」の小分類にそれぞれカテゴライズされており、これらを含む大分類は「社会科学」とされている。

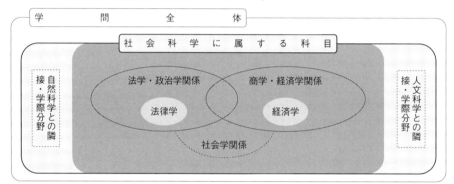

第**4**章

税理士に対する信頼の向上を図るための環境整備

7 税理士法人の業務範囲の拡充

◆ (1) 改正の概要

　税理士法人が行うことができる業務として、①租税に関する教育その他知識の普及及び啓発の業務、②後見人等の地位に就き、他人の法律行為について代理を行う業務等を追加する（令和 4 年 4 月 1 日施行）。

◆ (2) 改正の背景

　税理士法人制度は、複雑化・多様化・高度化する納税者等の要請に的確に応えるとともに、業務提供の安定性及び継続性並びにより高度な業務への信頼性の確保、更に賠償責任能力の強化という観点から、平成13年税理士法改正により創設された。

　税理士法人は、税理士業務を組織的に行うことを企図する法人であることから、行うことができる業務は、税理士業務（法 2 条①）、税理士業務に付随する会計業務（法 2 条②）、税理士業務に付随しない会計業務（施行規則21条）及び補佐人業務を社員又は所属税理士に行わせる事務の受託（法 2 条の 2 、法48条の 6 ）に限定されていた。営利を目的とする一般法人と異なり、特別法人として、徒に業務範囲を広げることが適当でないとされていたためである。

　他方、平成13年税理士法改正時の国税庁・日税連フォローアップ検討会においては、「税理士が…その専門的知見を活用して行っている業務については、税理士法人においても行い得るものとする必要があります。…今後、税理士法人が行う業務としてふさわしい業務があれば、業務範囲に加えていくことも考えられます」と、将来の社会環境の変化に応じて、その業務範囲を将来拡充することに言及されていた。

　現在、税理士は、専門的知見を活用し、租税教室の講師や成年後見業務などの社会貢献に資する業務に取り組んでいる。しかし、税理士法人の社員税理士や所属税理士は、個人の立場でこのような活動に参画しており、税理士法人の社員税理士等として業務時間中に個人としての活動を行うことは、税理士法人、税理士双方にとって支障が大きいという不都合が生じていた。一方、とりわけ成年後見業務については、「老老介護」が社会問題となる中、業務の継続

性を担保し、もって顧客に安心感を与えられる業務形態確保への社会的要請が高まっていた。

　こうした状況を踏まえ、税理士法人の社員税理士等がこれらの業務に関わりやすくする等の観点から、日税連が税理士法人の業務範囲の拡充を求めたものである。

◆ (3)　改正の内容

　施行規則21条に、2号として「当事者その他関係人の依頼又は官公署の委嘱により、後見人、保佐人、補助人、監督委員その他これらに類する地位に就き、他人の法律行為について、代理、同意もしくは取消しを行う業務又はこれらの業務を行う者を監督する業務」、3号として「租税に関する教育その他知識の普及及び啓発を行う業務」が追加された。

　なお、3号の「租税に関する教育その他知識の普及及び啓発の業務」における「租税に関する教育その他知識」には、租税に関するもので、施行規則21条1号に規定する「財務書類の作成、会計帳簿の記帳の代行その他財務に関する事務」に関する知識が含まれるほか、「普及及び啓発の業務」には、これらの知識に関する講演会の開催、出版物の刊行が含まれることとなった。

■税理士法施行規則
（税理士法人の業務の範囲）
第21条　法第48条の5に規定する財務省令で定める業務は、次に掲げる業務とする。
　一　財務書類の作成、会計帳簿の記帳の代行その他財務に関する事務（他の法律においてその事務を業として行うことが制限されているものを除く。）を業として行う業務
　二　当事者その他関係人の依頼又は官公署の委嘱により、後見人、保佐人、補助人、監督委員その他これらに類する地位に就き、他人の法律行為について、代理、同意若しくは取消しを行う業務又はこれらの業務を行う者を監督する業務
　三　租税に関する教育その他知識の普及及び啓発の業務

◆ (4)　日税連の取組み（成年後見業務）

　税理士法人が成年後見事務を行う上で生じる特有の問題について、会員から

様々な質問が寄せられていたことから、日税連は令和4年8月、「税理士法人による成年後見事務に関するガイドライン」を会員向けに公表し、そうした問題についての現時点の考え方を示した。

　ガイドラインでは、①競業の禁止（税理士法人が成年後見事務を行う場合は、社員税理士が受任していた同事務は法人に引き継ぐ）、②家庭裁判所等への税理士法人の推薦（推薦者名簿には従来どおり個人の税理士のみ登載、ただし、当該税理士が所属する法人の社員税理士及び所属税理士のうち3分の2以上が成年後見人等養成研修履修者名簿に登載されていることが必要）、③成年後見賠償責任保険への加入（新設の法人タイプの加入要件は、定款目的に成年後見事務について所定の記載があること、社員税理士又は所属税理士のうち2人以上が成年後見人等養成研修履修者名簿に登載されていること）などが示されているので、参照されたい。

8 税理士法人社員の法定脱退事由の整備

◆ (1) 改正の概要

　税理士法人の社員の法定脱退事由に、懲戒処分等により税理士業務が停止されたことを追加する（令和4年4月1日施行）。

◆ (2) 改正の背景

　税理士法人の社員は税理士でなければならず（法48条の4）、業務停止中の税理士は社員になることができないことから（法48条の4②）、現に就任している社員税理士が業務停止となった場合には社員資格を自動的に喪失するものと理解されていた。

　しかし、その一方で社員税理士が税理士法人から脱退するべき事由を定めている法定脱退事由（法48条の17）は「業務停止の処分を受けたこと」を規定しておらず、業務停止となった社員税理士の社員資格については不明瞭な状況にあるとの指摘があったため、今回の改正において整理したものである。

　なお、弁護士法人や司法書士法人には法人社員の法定脱退事由に業務停止の処分を受けたことが規定されているが（弁護士法30条の22、司法書士法43条）、監査法人では規定されていないなど、各士業法人においても規定には差がある状態にある。

法定脱退に記載あり	法定脱退に記載なし
弁護士法、司法書士法、行政書士法、土地家屋調査士法	公認会計士法、社会保険労務士法、弁理士法

◆ (3) 改正の内容

　今回の改正により、法48条の17に法定脱退事由として以下の理由が追加された。

　法43条の規定に該当したこと（他士業における懲戒処分により当該他士業の業務を停止された場合、報酬のある公職に就いた場合）、法45条・法46条（懲戒処分）の規定による税理士業務の停止処分を受けたことにより、税理士法人の社員の地位を失うことになる。

　従前の取扱いでは、業務停止処分を受けているにもかかわらず、登記上は社員として残っていることもあり得たが、本改正により、業務停止となれば脱退しなければならない仕組みになった。

社員税理士の資格	法第48条の4	第1項	・　税理士法人の社員は、税理士でなければならない。
		第2項	次に掲げる者は、社員となることができない。 ①　税理士法の懲戒処分により「税理士業務の停止」の処分を受けた場合等において、当該業務の停止の期間を経過しない者 ②　税理士法人が解散又は業務の停止を命ぜられた場合において、その処分の日以前三十日内に当該税理士法人の社員であつた者でその処分の日から三年を経過しないもの
法定脱退	法第48条の17		・　税理士の登録の抹消 ・　定款に定める理由の発生（例えば、定年など） ・　他士業における懲戒処分による税理士業務の停止や報酬ある公職への就任 ┐追加 ・　懲戒処分による税理士業務の停止 ┘ ・　総社員の同意 ・　除名（他の社員の過半数による決議＋裁判所による判決）

9 税理士等に対する監督上の措置の見直し（懲戒逃れをする税理士への対応）

◆ (1) 改正の概要

① 税理士であった者への調査規定の整備

　国税庁長官は、懲戒処分を受けるべきであったことについての決定のため必要があるときは、税理士であった者（元税理士）に対し、報告徴取・質問・検査権限を行使できることとする＜虚偽答弁等に罰則あり＞（令和5年4月1日施行）。

② 関係人等への協力要請規定の整備

　国税庁長官は、税理士業務の適正な運営を確保するため必要があるときは、関係人又は官公署に対し、当該職員をして、必要な帳簿書類等の閲覧・提供等の協力を求めさせることができることとする＜虚偽答弁等に罰則なし＞（令和5年4月1日施行）。

③ 税理士でない者への命令及び調査規定の整備

　財務大臣は、税理士でない者（ニセ税理士）が税務相談を行った場合に、更に反復してその税務相談が行われることで納税義務の適正な実現に重大な影響を及ぼすことを防止するため必要な措置を講ずることを命じることができ、国税庁長官はその命令すべきか否かを調査するため当該者から報告を徴し又は当該職員をして質問検査することができることとする＜虚偽答弁等に罰則あり＞（令和6年4月1日施行）。

◆ (2) 改正の背景

　改正前の法55条（監督上の措置）においては、国税庁長官の監督権の対象者が税理士又は税理士法人に限られており、過去に税理士であった者やそもそも税理士でない者に対しては、国税庁長官の質問及び検査の権限は及ばなかった。

　税理士法違反行為は法人税等の税務調査（所得調査）の段階で発覚することが少なくないが、税務調査の段階で税理士法違反行為が判明し、懲戒対象とな

るべき者が、懲戒開始手続前に自ら税理士登録を抹消することによる懲戒逃れが行われるケースが見受けられた。

　税理士登録の抹消については、法47条の2の規定により、税理士が懲戒手続に付された場合においては、その手続が結了するまでは登録の抹消をすることができないという制限が設けられている。しかし、税務調査は懲戒手続に付されるよりも前の段階であることから登録抹消の制限規定が及ばず、登録の抹消が可能であり、改正前の法55条の規定では懲戒手続に付される前に登録を抹消した者には対応することができなかった。

　また、そもそも税理士でない者は法55条の調査対象ではなく、税理士でない者が税務相談を行うといった税理士法違反行為を行っていたとしても、質問検査等を行うことができない状況であった。

　そこで、法55条の対象になる者として、税理士又は税理士法人だけではなく、過去に税理士であった者や、ニセ税理士行為を行う者に対して質問検査を及ぼすことが検討された。

　また、税理士法違反行為には脱税相談などの相手方の存在を前提とするものがあり、質問検査に当たってはその相手方（関与先等）の協力が必要となる場合がある。そのため、関与先等の関係者に対する協力要請にかかる規定が新たに創設された。

　そもそも税理士でない者が税務相談を行った場合の調査等の措置について、令和4年の税理士法改正においては一旦見送られた。これは他士業法において同様の例が見当たらず、また調査対象となる範囲を慎重に検討する必要があるという法制的な観点からの指摘があったためである。その後、更に検討が進められ、令和5年の改正により、財務大臣は税務相談を行った税理士でない者に対して、その税務相談の停止が実効的に行われることを確保するための必要な措置をとることを命ずることができるようにし、この命令をすべきか否かを調査する必要があるとき国税庁長官は当該職員をしてその者に質問検査することができるようになった。

◆ (3)　改正の内容

①　税理士であった者への調査規定の整備

■税理士法
（監督上の措置）
第55条
　2　国税庁長官は、第48条第1項の規定による決定のため必要があるとき

> は、税理士であつた者から報告を徴し、又は当該職員をして税理士であ
> つた者に質問し、若しくはその業務に関する帳簿書類を検査させること
> ができる。
> 3　前 2 項の規定による報告の徴取、質問又は検査の権限は、犯罪捜査の
> ために認められたものと解してはならない。

　法55条における国税庁長官の質問又は検査の権限が及ぶ者を、税理士又は
税理士法人だけではなく、税理士であった者も対象とすることにより、国税
庁長官は懲戒逃れをする税理士であった者に対しても質問又は検査の権限を
行使することができるようになった。なお、この権限の行使に対して、法55
条の対象となる者が報告をせず、もしくは虚偽の報告をし、質問に答弁せ
ず、若しくは虚偽の答弁をし、又は調査を拒み、妨げ、若しくは忌避したと
きは、法62条の罰則が適用される。
　この改正は令和 5 年 4 月 1 日以後に行われる質問検査等について適用され
る。

②　関係人等への協力要請規定の整備

> ■税理士法
> （関係人等への協力要請）
> 第56条　国税庁長官は、この法律の規定に違反する行為又は事実があると
> 　思料するときその他税理士業務の適正な運営を確保するため必要がある
> 　ときは、関係人又は官公署に対し、当該職員をして、必要な帳簿書類そ
> 　の他の物件の閲覧又は提供その他の協力を求めさせることができる。

　税理士法違反行為については、脱税相談等の相手方の存在を前提とするも
のがあることから、質問検査に当たってその相手方（関与先等）の協力が不
可欠な場合がある。そのため、国税庁長官は関係人等への協力要請ができる
よう、税理士法の規定に違反する行為又は事実があると思料するときその他
税理士業務の適正な運営を確保するため必要があるときは、関係人又は官公
署に対し、当該職員をして、必要な帳簿書類その他の物件の閲覧又は提供そ
の他の協力を求めさせることができることとされた。ただし、この関係人等
への協力要請については法62条の罰則の適用はない。
　この改正は令和 5 年 4 月 1 日以後に行われる協力要請について適用され
る。

③　税理士でない者への命令及び調査規定の整備

■税理士法（令和6年4月1日施行）
（税理士等でない者が税務相談を行つた場合の命令等）
第54条の2　財務大臣は、税理士又は税理士法人でない者（以下この項において「税理士等でない者」という。）が税務相談を行つた場合（税理士等でない者がこの法律の別段の定めにより税務相談を行つた場合を除く。）において、更に反復してその税務相談が行われることにより、不正に国税若しくは地方税の賦課若しくは徴収を免れさせ、又は不正に国税若しくは地方税の還付を受けさせることによる納税義務の適正な実現に重大な影響を及ぼすことを防止するため緊急に措置をとる必要があると認めるときは、当該税理士等でない者に対し、その税務相談の停止その他当該停止が実効的に行われることを確保するために必要な措置を講ずることを命ずることができる。
2　第47条の4の規定は、前項の規定による命令について準用する。

（監督上の措置）
第55条
3　国税庁長官は、前条第1項の規定による命令をすべきか否かを調査する必要があると認めるときは、同項の税務相談を行つた者から報告を徴し、又は当該職員をしてその者に質問し、若しくはその業務に関する帳簿書類を検査させることができる。
4　前3項の規定による報告の徴取、質問又は検査の権限は、犯罪捜査のために認められたものと解してはならない。

　　税理士でない者が税務相談を行うことは税理士法違反であることは言うまでもないが、改正前の法令ではこれら税理士でない者に対して国税庁長官の質問検査等の権限は及ばなかった。しかし、税理士でない者による税務相談が反復して行われることによって、不正に国税若しくは地方税の賦課若しくは徴収を免れさせ、又は不正に国税若しくは地方税の還付を受けさせることで、納税義務の適正な実現に重大な影響を及ぼすことも懸念されるところであった。
　　そこで、このような事態が懸念される場合には、当該税理士でない者に対し、財務大臣はその税務相談の停止その他当該停止が実効的に行われることを確保するために必要な措置を講ずることを命ずることができることとされた。この命令には法47条の4の規定が適用されることから、命令について

は、遅滞なくその旨を財務省令で定める方法により不特定多数の者が閲覧することができる状態に置く措置をとるとともに、官報で公告されることになる。

また、財務大臣による命令が必要か否かを調査する必要があるため、国税庁長官は税務相談を行った者に対して当該職員をして質問又は検査をさせることができるようになった。なお、法55条 3 項の質問検査権も法62条の適用があるため、調査対象者が忌避等をした場合には、罰則が適用される。

税理士でない者が反復して税務相談を行うことは実質的に業務として行っているということを意味するが、このような税理士法違反行為は納税義務の適正な実現に支障をきたすことになり、納税者義務者に対して不測の損害を与える可能性があることから資格制度に対する信頼の根幹に関わる行為である。

今回、法54条の 2 の新設及び法55条 3 項を整備することにより、税理士でない者への対応も可能となったのである。

この改正は令和 6 年 4 月 1 日以後に行われる質問検査等について適用される。

◆ (4)　本改正に関する留意事項

①　税理士法55条の調査と実態確認

今回、法55条等による調査権限が拡大されたが、税理士業務の適正な運営の確保のための情報収集目的で行われる「税理士等実態調査」（いわゆる「実態確認」）は、財務省設置法19条に基づき行われるものであり、この法55条等による調査とは異なるものである。税理士が定期的に所轄税務署から受けているのは実態確認であり、今回権限拡大された法55条による調査ではないことに留意が必要である（実態確認に関して改正は行われていない）。

■財務省設置法
（任務）
第19条　国税庁は、内国税の適正かつ公平な賦課及び徴収の実現、酒類業の健全な発達及び税理士業務の適正な運営の確保を図ることを任務とする。

（所掌事務）
第20条　国税庁は、前条の任務を達成するため、第 4 条第 1 項第17号、第19号（酒税の保全に関する制度の企画及び立案を除く。）から第23号ま

で、第63号及び第65号に掲げる事務並びに次に掲げる事務をつかさどる。

一　税理士制度の運営に関すること。

②　通知弁護士について

　法55条１項の「税理士」には法51条の規定を受ける通知弁護士も含まれるが、法55条２項の規定する「税理士であった者」には通知弁護士でなくなった者を含まない。通知弁護士はあくまでも弁護士の資格をもって税理士業務を行っており、その処分権限は弁護士会の自治に委ねるべきと考えられ、通知弁護士が法48条（懲戒処分を受けるべきであったことについての決定等）を準用しないためである。

■税理士法基本通達
（「税理士であつた者」の範囲）
55－１　通知弁護士（法第51条第１項の規定により税理士業務を行う弁護士をいう。）であった者については、法第55条第２項の「税理士であつた者」とみなされないことに留意する。

10 税理士であった者に対する「懲戒処分相当であったことの決定」の創設（懲戒逃れをする税理士への対応）

◆ (1) 改正の概要

① 財務大臣は、税理士であった者につき在職期間中に税理士法違反行為・事実があると認めた場合には、懲戒処分（戒告・2年以内の業務停止・業務禁止）を受けるべきであったこと（懲戒処分相当）について決定をすることができ、遅滞なくその旨を官報公告する（令和5年4月1日施行）とともに、不特定多数の者が閲覧できる状態に置く措置をとる（令和6年4月1日施行）。

② ①により業務禁止処分を受けるべきであったことについて決定を受けた者で、その決定を受けた日から3年を経過しない者は、税理士となる資格を有しないこととする（令和5年4月1日施行）。

③ 税理士の登録拒否事由に、①により業務停止処分を受けるべきであったことについて決定を受けた者で、その業務停止をすべきであった期間を経過しない者を加える（令和5年4月1日施行）。

④ 法47条（懲戒の手続等）の規定及び「11．税理士法懲戒処分等の除斥期間の創設（10年）」の内容は、①について準用する（令和5年4月1日施行）。

◆ (2) 改正の背景

法55条（監督上の措置）は国税庁長官の監督権について定めているが、改正前はその質問又は検査の対象者は税理士又は税理士法人に限られており、過去に税理士であった者やそもそも税理士ではない者に対しては、国税庁長官の質問又は検査の権限が及ばなかった。

今回の改正で国税庁長官が質問検査等の権限を行使できる範囲を税理士又は税理士法人だけではなく、税理士であった者に拡大することで、税理士登録を抹消することによって懲戒逃れをしようとする税理士に対しても質問又は検査の権限が及ぶようになった（56頁参照）。これにより、これらの者に対しても調査をやりきることができるようになった。

調査をやりきった結果、過去に税理士であった者に対して国税庁長官が税理士法違反行為を認定したとしても、既に登録抹消をしている者（税理士業務を

行い得ない者）に対して、税理士業務の停止や禁止の処分は実効性を持たない。また、税理士業務を行わない以上、それ以上の何らかの税理士法上のペナルティを科す必要もないものとも考えられる。

　しかし、税理士であったなら懲戒処分を受けていたであろう者が、本来であれば税理士業務が行えなかった期間中に、再び税理士として再登録ができるような仕組みでは、懲戒逃れを助長することになる。

　そこで、今回の改正により、過去に税理士であった期間中に税理士法違反行為を行った者に対して、財務大臣が懲戒処分（戒告、2年以内の業務停止、業務禁止）を受けるべきであったことについて決定をすることができるようになった。そして、業務禁止処分を受けるべきであった者については3年、業務停止処分を受けるべきであった者については一定期間を経過するまでは、税理士登録ができないこととされたものである。

◆ (3)　改正の内容

　以下のとおり改正が行われた。

■税理士法
（懲戒処分を受けるべきであつたことについての決定等）
第48条　財務大臣は、税理士であつた者につき税理士であつた期間内に第45条又は第46条に規定する行為又は事実があると認めたときは、当該税理士であつた者がこれらの規定による懲戒処分を受けるべきであつたことについて決定をすることができる。この場合において、財務大臣は、当該税理士であつた者が受けるべきであつた懲戒処分の種類（当該懲戒処分が第44条第2号に掲げる処分である場合には、懲戒処分の種類及び税理士業務の停止をすべき期間）を明らかにしなければならない。
2　第47条第1項から第3項までの規定は、税理士であつた者につき税理士であつた期間内に第45条又は第46条に規定する行為又は事実があると認めた場合について準用する。
3　第47条第4項及び第5項並びに前2条の規定は、第1項の規定による決定について準用する。

（欠格条項）
第4条　次の各号のいずれかに該当する者は、前条の規定にかかわらず、税理士となる資格を有しない。
　七　第48条第1項の規定により第44条第3号に掲げる処分を受けるべき

であつたことについて決定を受けた者で、当該決定を受けた日から 3
年を経過しないもの

（登録拒否事由）
第24条　次の各号のいずれかに該当する者は、税理士の登録を受けること
　　ができない。
　　六　第48条第 1 項の規定により第44条第 2 号に掲げる処分を受けるべき
　　　であつたことについて決定を受けた者で、同項後段の規定により明ら
　　　かにされた期間を経過しないもの

　過去に税理士であった者については、改正後の法55条に基づき行われた調査
の結果、国税審議会に諮るなどの一定の手続を経た上で、もしその者が税理士
登録を抹消せずに税理士であり続けたならば、その税理士であった期間内に、
法45条（脱税相談等をした場合の懲戒）又は法46条（一般の懲戒）に規定する
行為又は事実があると認められるに至った場合は、財務大臣はその税理士であ
った者が懲戒処分等を受けるべきであったことについて、決定をすることがで
きる。
　この場合において、財務大臣はその税理士であった者が受けるべきであった
懲戒処分の種類（懲戒処分が業務停止である場合には、懲戒処分の種類及び業
務停止をすべき期間）を明らかにしなければならない。
　また、財務大臣は決定をした際には、遅滞なく財務省令で定める方法により
不特定多数の者が閲覧することができる状態に置く措置をとるとともに、その
旨を官報に公告しなければならない（法47条の 4 ）。この不特定多数の者が閲
覧することができる状態に置く措置とは、具体的には国税庁のウェブサイトに
表示することを指す。
　この決定により、懲戒処分が税理士業務の禁止に相当する場合には、当該決
定を受けた者は決定を受けてから 3 年を経過するまでは欠格条項（ 4 条）に該
当するものとして税理士となる資格を有しない。また、懲戒処分が税理士業務
の停止に相当する場合には、決定を受けた者は業務停止期間（ 2 年以内）を経
過するまでは登録拒否事由（法24条）に該当し、税理士登録をすることができ
ない。
　令和 5 年 4 月 1 日以後の税理士法違反行為について適用される（公告に関す
る「不特定多数の者が閲覧することができる状態に置く措置」については、令
和 6 年 4 月 1 日施行）。

◆ ⑷ 期待される効果等

　法55条に規定する質問検査権を、税理士登録を抹消した者（元税理士）に対しても行使できるよう拡大した上で、税理士法違反行為相当であったことを認定し、国税審議会の議決を経て、財務大臣が懲戒処分を受けるべきであったことについて決定することにより、懲戒処分を予期して登録抹消を行うような懲戒逃れを抑止する効果が期待できる。

　登録を抹消することによる懲戒逃れをしたとしても、再登録申請時に懲戒処分と同等の効果が期待できる。

　この決定処分は不利益処分になるため、現状の税理士懲戒手続と同様に不利益処分を受ける前の弁明の機会の付与（行政手続法15条１項、30条）、不利益処分の理由の提示（行政手続法14条）、不利益処分に関する審査請求（行政不服審査法２条）の対象とし、決定予告通知を当該元税理士に交付した段階で、懲戒処分を受けるべきであったことの決定処分の手続が開始する。

　処分期間が経過しても、再登録については法24条（登録拒否事由）８号（税理士の信用又は品位を害するおそれがある者その他税理士の職責に照らし税理士としての適格性を欠く者）に該当する可能性があるため、決定を受けた者から再登録申請があった際には、改めて更生の程度などを検討すべきことになる（通達24－８）。

　また、税理士法において税理士であった者について懲戒処分を受けるべきであったことについての決定等の規定が創設されたことに伴い、他士業法においても改正が行われている。具体的には、公認会計士法などにおいて、税理士であった者が税理士業務の禁止の決定を受けた場合には、決定を受けた日から３年を経過しない者についてはそれぞれの法律における欠格事由等に該当することとされた。

【公認会計士法】
（欠格条項）
第４条　次の各号のいずれかに該当する者は、公認会計士となることができない。
　　十一　税理士法第48条第１項の規定により同法第44条第３号に掲げる処分を受けるべきであつたことについて決定を受けた者。ただし、同法により再び業務を営むことができるようになつた者を除く。

（登録拒否の事由）
第18条の２　次の各号のいずれかに該当する者は、公認会計士の登録を受

　　けることができない。
　　二　税理士法第48条第１項の規定により同法第44条第２号に掲げる処分
　　　を受けるべきであつたことについて決定を受けた者で、同項後段の規
　　　定により明らかにされた期間を経過しないもの

【弁護士法】
（弁護士の欠格事由）
第７条　次に掲げる者は、第４条、第５条及び前条の規定にかかわらず、
　　弁護士となる資格を有しない。
　　三　懲戒の処分により、弁護士若しくは外国法事務弁護士であつて除名
　　　され、弁理士であつて業務を禁止され、公認会計士であつて登録を抹
　　　消され、税理士であつて業務を禁止され、若しくは公務員であつて免
　　　職され、又は税理士であつた者であつて税理士業務の禁止の懲戒処分
　　　を受けるべきであつたことについて決定を受け、その処分を受けた日
　　　から３年を経過しない者

（登録又は登録換えの請求の進達の拒絶）
第12条　弁護士会は、弁護士会の秩序若しくは信用を害するおそれがある
　　者又は次に掲げる場合に該当し弁護士の職務を行わせることがその適正
　　を欠くおそれがある者について、資格審査会の議決に基づき、登録又は
　　登録換えの請求の進達を拒絶することができる。
　　二　第７条第３号に当たる者が、除名、業務禁止、登録の抹消、免職又
　　　は税理士業務の禁止の懲戒処分を受けるべきであつたことについての
　　　決定の処分を受けた日から３年を経過して請求したとき。

【司法書士法】
（欠格事由）
第５条　次に掲げる者は、司法書士となる資格を有しない。
　　六　懲戒処分により、公認会計士の登録を抹消され、若しくは土地家屋
　　　調査士、弁理士、税理士若しくは行政書士の業務を禁止され、又は税
　　　理士であつた者であつて税理士業務の禁止の懲戒処分を受けるべきで
　　　あつたことについて決定を受け、これらの処分の日から３年を経過し
　　　ない者

【行政書士法】
（欠格事由）
第2条の2　次の各号のいずれかに該当する者は、前条の規定にかかわらず、行政書士となる資格を有しない。
　　八　税理士法（昭和26年法律第237号）第48条第1項の規定により同法第44条第3号に掲げる処分を受けるべきであつたことについて決定を受けた者で、当該決定を受けた日から3年を経過しないもの

【社会保険労務士法】
（欠格事由）
第5条　次の各号のいずれかに該当する者は、第3条の規定にかかわらず、社会保険労務士となる資格を有しない。
　　九　税理士法（昭和26年法律第237号）第48条第1項の規定により同法第44条第3号に掲げる処分を受けるべきであつたことについて決定を受けた者で、当該決定を受けた日から3年を経過しないもの

（登録拒否事由）
第14条の7　次の各号のいずれかに該当する者は、社会保険労務士の登録を受けることができない。
　　二　税理士法第48条第1項の規定により同法第44条第2号に掲げる処分を受けるべきであつたことについて決定を受けた者で、同項後段の規定により明らかにされた期間を経過しないもの

【弁理士法】
（欠格事由）
第8条　次の各号のいずれかに該当する者は、前条の規定にかかわらず、弁理士となる資格を有しない。
　　八　税理士法第48条第1項の規定により同法第44条第3号に掲げる処分を受けるべきであったことについて決定を受けた者で当該決定を受けた日から3年を経過しないもの

【地方自治法】

（外部監査契約を締結できる者）

第252条の28

3　前2項の規定にかかわらず、普通地方公共団体は、次の各号のいずれかに該当する者と外部監査契約を締結してはならない。

　五　税理士法第48条第1項の規定により同法第44条第3号に掲げる処分を受けるべきであつたことについて決定を受けた者で、当該決定を受けた日から3年を経過しないもの

　七　税理士法第48条第1項の規定により同法第44条第2号に掲げる処分を受けるべきであつたことについて決定を受けた者で、同項後段の規定により明らかにされた期間を経過しないもの

　なお、国税審議会令において従前の懲戒審査委員は懲戒等審査委員と改められ、その審査の範囲には税理士であった者に対する懲戒処分の決定に関するものも含まれる。

11 税理士法懲戒処分等の除斥期間の創設（10年）（懲戒逃れをする税理士への対応）

◆(1) 改正の概要

　税理士法上の処分を行う場合において、懲戒の事由があったときから10年を経過したときは、税理士（通知弁護士を含む。）、税理士法人に係る懲戒手続を開始できない除斥期間を創設する（令和5年4月1日施行）。

◆(2) 改正の背景

　改正前の税理士法においては、税理士等が懲戒事由に該当する行為を行った場合の懲戒処分について除斥期間は設けられていなかった。そのため、数十年前に行われた行為であっても、懲戒処分の対象とされるおそれがあった。

　しかし、行為のときから長期間が経過してしまうと、税理士の立場からすれば資料を処分・散逸している可能性が高くなり、これらの資料がなければ自ら十分な防御をすることもかなわないことから、その結果冤罪を生み出しかねない。このような法的安定性に欠ける状態が無期限に続くことは社会的に相当ではない。

　そこで、法律関係の安定・確定のため、一定期間を経過すれば当事者の事情に関係なく請求権等が自動的に消滅する除斥期間制度を税理士法においても設けるべきであるとの観点から検討を行い、税理士にとって重大問題である懲戒処分について、新たに10年の除斥期間を設けることになった。

　なお、司法書士法は令和元年の改正において除斥期間（7年）が設けられており、このような他士業の改正状況も参考にしつつ検討を行い、今回導入に至ったものである。

◆(3) 改正の内容

　除斥期間を設けるために以下の条文を新設し、懲戒の事由があったときから10年を経過したときには、懲戒の手続を開始できないことになった。

■税理士法
（除斥期間）
第47条の3　懲戒の事由があつたときから10年を経過したときは、懲戒の
　　手続を開始することができない。

　除斥期間が10年とされたことについては、会計帳簿の保存期間が10年であることから（会社法432条）、税理士としても10年程度は資料が残っているであろうこと、税理士法違反行為は税理士やその関与先への税務調査（所得調査）の段階で発覚することが多く、税務調査のあとに税理士法上の懲戒処分のための税理士への調査が必要になることから、課税処分の除斥期間である7年に加えて税理士法上の懲戒処分のための調査期間として3年を加え、10年とされたものである。
　この除斥期間の始期である「懲戒の事由があったとき」とは税理士法違反行為が終了した時点をいい、通達において具体例を挙げている（通達47の3－1）。

■税理士法基本通達
（除斥期間の始期）
47の3－1
　法第47条の3に規定する「懲戒の事由があつたとき」とは、懲戒の事由に当たる税理士法違反行為が終了した時点をいい、具体的には次により懲戒処分の除斥期間の始期を判定するものとする。
⑴　単独の税理士法違反行為が行われた場合
　　税理士法違反行為の除斥期間は、違反行為が終了した時点から開始する。例えば、委嘱者から脱税相談を持ちかけられ、一定の期間が経過した後に、その相談に応じ回答した場合は、脱税相談を持ちかけられた時点ではなく、委嘱者に脱税相談の回答をしたときが違反行為の終了した時点となり、その時点から除斥期間が開始することとなる。
　　また、税理士法違反行為による違法状態が継続する場合の除斥期間は、その違法状態が解消された時点から開始する。例えば、委嘱者から預かった納税資金を着服する信用失墜行為を行った場合には、着服後、その資金を返還するまで非行事実と評価すべき違法状態が継続しており、その資金を返還したことなどにより、違法状態が解消された時点から除斥期間が開始することとなる。

(2) 複数の税理士法違反行為が行われた場合

　　複数の税理士法違反行為が行われた場合の除斥期間は、原則として、それぞれの違反行為が終了した時点からそれぞれ開始する。例えば、不真正な税務書類の作成又は提出のほか、非税理士に対する名義貸しを行った場合には、不真正な税務書類の作成又は提出と非税理士に対する名義貸しのそれぞれの行為が終了した時点から除斥期間がそれぞれ開始することとなる。

　　ただし、複数の税理士違反行為のそれぞれが密接に関連して、一方が他方の手段となり、他方が一方の結果となる違反行為を行った場合の除斥期間は、最後に行われた違反行為が終了した時点から開始する。例えば、不真正な税務書類の作成又は提出を依頼され、その前提として脱税相談に応じた場合には、不真正な税務書類の作成又は提出の行為が終了した時点から除斥期間が開始することとなる。

　税理士法違反行為や非違行為が単独で行われた場合には、その行為が終了した時から起算する。脱税相談等を例に挙げれば、その相談が終了した時が起算点となる。

　複数の税理士法違反行為が行われた場合には、それぞれの行為終了時点から起算することになるが、それら複数の税理士法違反行為が目的と手段の関係にある場合には、それら複数の税理士法違反行為は結果として行われた税理士法違反行為の終了した時から起算する。

　この改正は令和5年4月1日以降の行為について適用される。同日よりも前に行われた税理士法違反行為については従前のままの取扱いであることには留意する必要がある。

第5章

その他

12

税理士による申告書添付
書面に関する様式の整備

◆ (1) 改正の概要

　法33条の2に規定する書面（計算事項等書面、審査事項等書面。以下「添付書面」という。）の様式について、簡明性向上等の観点から改訂する（令和6年4月1日施行）。

◆ (2) 改正の背景

　書面添付制度は、税理士が税務に関する専門家の立場から、申告納税制度の理念に沿って税務申告書がどのように調製されたものであるかを所定の書面により明らかにすることにより、納税義務の適正な実現及び税務行政の円滑化に資する制度である。

　これらの添付書面は、これまで「税理士法第33条の2第1項に規定する添付書面」及び「税理士法第33条の2第2項に規定する添付書面」という様式名称となっており、書面の趣旨が分かりにくいとの指摘があった。

　また、従来の添付書面の様式は、所得税や法人税などの所得金額算定について計算又は審査した事項を記載する前提の項目となっており、相続税や贈与税の申告等においては、必ずしも使い勝手がよいものとはなっていないという課題もあった。

　現在、国税庁が公表する書面添付割合（令和3年度）は、所得税1.5%、相続税23.1%、法人税9.8%と、必ずしも高いとは言えない。こうしたことから、書面添付制度の更なる普及・促進に資するべく、これらの課題等について日税連が改善を求めていたものである。

◆ (3) 改正の内容

① 税理士法33条の2に規定する書面の名称変更及び実務を踏まえた所要の見直し

　法33条の2に規定する書面の名称が、その趣旨を端的に表すものとして「申告書作成に関する計算事項等記載書面」及び「申告書に関する審査事項

等記載書面」に改められるとともに、税理士の実務を踏まえた様式の見直しとして、記載項目が申告書作成のための作業順に見直されたほか、「総合所見」の記載欄が追加された。

　これまでの様式では、「1　自ら作成記入した帳簿書類に記載されている事項」、「2　提示を受けた帳簿書類（備考欄の帳簿書類を除く。）に記載されている事項」という項目となっていたが、申告書を作成する手順として、委嘱者である納税者から帳簿書類の提示を受け、その内容を精査した上で、税理士自らが帳簿書類を作成・記入する流れとなることから、この手順に合わせて項目順を改める等の見直しが行われた。

　また、計算事項・審査事項等の総括意見を記載するための「5　総合所見」欄を設け、「6　その他」欄には「1　提示を受けた帳簿書類に関する事項」欄から「5　総合所見」欄までの各欄に記載していない事項で、例えば、申告書の作成に関し、計算し、整理した事項以外の個別的・特徴的である事項や、税理士が行う納税者の帳簿書類の監査の頻度、納税者の税に関する認識、申告書作成に当たって留意した事項などの特記すべき事項があれば記載できるように改正された。

②　相続税・贈与税の申告に対応した様式の制定

　これまでの様式では「帳簿」の存在が前提となっていたほか、「会計処理方法に変更等があった事項」など、所得税や法人税に関して計算・審査等することが記載項目として存在していたことから、資産税の申告書にふさわしい記載項目とするため、相続税の場合には「被相続人」の氏名・住所を記載する欄を設けるとともに、「1」及び「2」欄における「帳簿」の削除、「3　計算し、整理した主な事項」における「個別的・特徴的な事項」の追加が行われた。

　上記①②の改正については、e-Tax帳票の改正を伴うため、システム改修期間を考慮して、令和6年4月1日以後に提出する申告書に添付する書面について適用される。

（法33条の２に規定する書面について次のとおり改正）

項目	改正部分	改正後	改正前（現状）
名称	第１項書面	申告書の作成に関する計算事項等記載書面	税理士法第３３条の２第１項に規定する添付書面
	第２項書面	申告書に関する審査事項等記載書面	税理士法第３３条の２第２項に規定する添付書面
記載項目	第１項書面	1　提示を受けた帳簿書類に関する事項 2　自ら作成記入した帳簿書類に関する事項 5　総合所見 6　その他	1　自ら作成記入した帳簿書類に記載されている事項 2　提示を受けた帳簿書類（備考欄の帳簿書類を除く。）に記載されている事項 <新設> 5　その他
	第２項書面	5　総合所見 6　その他	<新設> 5　その他

（法33条の２に規定する書面について資産税に対応する様式を新たに制定）

項目	制定部分	改正後	改正前（現状）
名称	第１項書面	申告書の作成に関する計算事項等記載書面（資）	－
	第２項書面	申告書に関する審査事項等記載書面（資）	－

○　「申告書の作成に関する計算事項等記載書面」の様式イメージ

※　令和 6 年 4 月 1 日以降適用

左の様式

税　申告書（　年分・年　月　日／年　月　日事業年度分・　　　）に係る

申告書の作成に関する計算事項等記載書面　③の2①

受付印

年　月　日
　　　　殿

※整理番号

税理士又は税理士法人	氏名又は名称	
	事務所の所在地	電話（　）　－
書面作成に係る税理士	氏　名	
	事務所の所在地	電話（　）　－
	所属税理士会等	税理士会　　支部　登録番号　第　　　号
税務代理権限証書の提出		有（　　　　　　　　）・無
依頼者	氏名又は名称	
	住所又は事務所の所在地	電話（　）　－

　私（当法人）が申告書の作成に関し、計算し、整理し、又は相談に応じた事項は、下記の1から5までに掲げる事項であります。

1　提示を受けた帳簿書類に関する事項

帳簿書類（申告書の作成に関し、計算し、又は整理するために用いたものに限る。）の名称	左記の帳簿書類以外の帳簿書類の名称

2　自ら作成記入した帳簿書類に関する事項

帳簿書類の名称	作成記入の基礎となった書類等

※事務処理欄	部門	業種		意見聴取連絡事績		事前通知等事績	
				年月日	税理士名	通知年月日	予定年月日

(1／4)

右の様式

税　申告書（　年分・年　月　日相続開始分）に係る

申告書の作成に関する計算事項等記載書面（資）　③の2①（資）

受付印

年　月　日
　　　　殿

※整理番号

税理士又は税理士法人	氏名又は名称	
	事務所の所在地	電話（　）　－
書面作成に係る税理士	氏　名	
	事務所の所在地	電話（　）　－
	所属税理士会等	税理士会　　支部　登録番号　第　　　号
税務代理権限証書の提出		有（　　　　　　　　）・無
依頼者（複数人の場合は別紙に記載すること）	氏名又は名称	
	住所又は事務所の所在地	電話（　）　－
相続税の場合	被相続人の氏名	
	被相続人の住所	

　私（当法人）が申告書の作成に関し、計算し、整理し、又は相談に応じた事項は、下記の1から5までに掲げる事項であります。

1　提示を受けた書類等に関する事項

書類等（申告書の作成に関し、計算し、又は整理するために用いたものに限る。）の名称	左記の書類等以外の書類等

2　自ら作成記入した書類等に関する事項

書類等の名称	作成記入の基礎となった書類等

※事務処理欄	部門	業種		意見聴取連絡事績		事前通知等事績	
				年月日	税理士名	通知年月日	予定年月日

(1／4)

○　「申告書に関する審査事項等記載書面」の様式イメージ

※　令和 6 年 4 月 1 日以降適用

左の様式

税　申告書（　年分・年　月　日／年　月　日事業年度分・　　　）に係る

申告書に関する審査事項等記載書面　③の2②

受付印

年　月　日
　　　　殿

※整理番号

税理士又は税理士法人	氏名又は名称	
	事務所の所在地	電話（　）　－
書面作成に係る税理士	氏　名	
	事務所の所在地	電話（　）　－
	所属税理士会等	税理士会　　支部　登録番号　第　　　号
税務代理権限証書の提出		有（　　　　　　　　）・無
依頼者	氏名又は名称	
	住所又は事務所の所在地	電話（　）　－

　私（当法人）が審査の依頼を受けた申告書に関し審査した事項は、下記の1から5までに掲げる事項であります。

1　相談を受けた事項

事　項	相談の要旨

2　審査に当たって提示を受けた帳簿書類

帳簿書類の名称	確認した内容

※事務処理欄	部門	業種		意見聴取連絡事績		事前通知等事績	
				年月日	税理士名	通知年月日	予定年月日

(1／4)

右の様式

税　申告書（　年分・年　月　日相続開始分）に係る

申告書に関する審査事項等記載書面（資）　③の2②（資）

受付印

年　月　日
　　　　殿

※整理番号

税理士又は税理士法人	氏名又は名称	
	事務所の所在地	電話（　）　－
書面作成に係る税理士	氏　名	
	事務所の所在地	電話（　）　－
	所属税理士会等	税理士会　　支部　登録番号　第　　　号
税務代理権限証書の提出		有（　　　　　　　　）・無
依頼者（複数人の場合は別紙に記載すること）	氏名又は名称	
	住所又は事務所の所在地	電話（　）　－
相続税の場合	被相続人の氏名	
	被相続人の住所	

　私（当法人）が審査の依頼を受けた申告書に関し審査した事項は、下記の1から5までに掲げる事項であります。

1　相談を受けた事項

事　項	相談の要旨

2　審査に当たって提示を受けた書類等

書類等の名称	確認した内容

※事務処理欄	部門	業種		意見聴取連絡事績		事前通知等事績	
				年月日	税理士名	通知年月日	予定年月日

(1／4)

13 税理士試験受験願書に添付する写真の撮影条件の撤廃等

◆（1） 改正の概要

　税理士試験受験願書に添付する写真について、「上半身像」に限定している撮影条件を撤廃する（令和4年4月1日施行）。

◆（2） 改正の背景

　令和3年6月18日に閣議決定された「規制改革実行計画」において、令和4年度中に以下の措置をとることが求められた。

> 各種申請等で提出する写真について、サイズや撮影時期が多岐にわたり不便なことから、原則として、サイズを運転免許証サイズ・履歴書サイズ・大型サイズ又はパスポート規格のいずれかに統合し、撮影時期が現状6か月未満のものは6か月以内に統一する。

◆（3） 改正の内容

　税理士試験受験願書に添付することとされている写真の規格について、施行規則第二号様式において「上半身像（4.5cm×3.5cm）のものとすること」と規定されていたところ、サイズがパスポートの規格（45mm×35mmで顔中心の人物配置）と同じとなっていることから、「上半身像」という撮影条件が撤廃された。

◆（4） 日税連の対応

　日税連では、令和4年6月に登録事務取扱規程を変更し、登録申請書や税理士証票に貼付する写真のサイズを「縦2.8cm、横2.4cm」から運転免許証と同じ「縦3.0cm、横2.4cm」に改めるとともに、同年7月の総会にて会則を変更し、「3月以内」とされていた撮影時期を「6月以内」に改めた。これらの諸規則

の改正規定は、令和５年３月31日に施行されている。

　この対応は、令和３年６月、７月に内閣府規制改革・行政改革担当大臣直轄チームから各府省庁に対して写真サイズ、写真サイズの呼称、撮影条件及び撮影時期の統一を図るよう依頼があり、国税庁から日税連に対し、税理士証票の写真サイズ等の統一について検討依頼があったことに起因するものである。

	変更後	変更前
写真サイズ	縦3.0cm×横2.4cm	おおむね縦2.8cm×横2.4cm
写真サイズ呼称	運転免許証サイズ	なし
撮影時期	申請書提出日前６か月以内	申請書提出日前３か月以内

新旧対照表

税理士法（令和４年３月31日法律第４号）

新	旧
（税理士の業務） **第２条**　税理士は、他人の求めに応じ、租税（印紙税、登録免許税、関税、法定外普通税（地方税法（昭和25年法律第226号）第10条の４第２項に規定する道府県法定外普通税及び市町村法定外普通税をいう。）、法定外目的税（同項に規定する法定外目的税をいう。）その他の政令で定めるものを除く。<u>第49条の２第２項第11号</u>を除き、以下同じ。）に関し、次に掲げる事務を行うことを業とする。 　一　省略 　二　税務書類の作成（税務官公署に対する申告等に係る申告書、申請書、請求書、不服申立書その他租税に関する法令の規定に基づき、作成し、かつ、税務官公署に提出する書類（その作成に代えて電磁的記録（電子的方式、磁気的方式<u>その他人</u>の知覚によつては認識することができない方式で作られる記録であつて、電子計算機による情報処理の用に供されるものをいう。<u>以下同じ。</u>）を作成する場合における当該電磁的記録を含む。以下同じ。）で財務省令で定めるもの（以下「申告書等」という。）を作成することをいう。） 　三　省略 ２　省略 ３　前２項の規定は、税理士が他の税理士又は税理士法人（第48条の２に規定する税理士法人をいう。次章、第４章及び第５章において	**（税理士の業務）** **第２条**　税理士は、他人の求めに応じ、租税（印紙税、登録免許税、関税、法定外普通税（地方税法（昭和25年法律第226号）第10条の４第２項に規定する道府県法定外普通税及び市町村法定外普通税をいう。）、法定外目的税（同項に規定する法定外目的税をいう。）その他の政令で定めるものを除く。<u>第49条の２第２項第10号</u>を除き、以下同じ。）に関し、次に掲げる事務を行うことを業とする。 　一　同左 　二　税務書類の作成（税務官公署に対する申告等に係る申告書、申請書、請求書、不服申立書その他租税に関する法令の規定に基づき、作成し、かつ、税務官公署に提出する書類（その作成に代えて電磁的記録（電子的方式、磁気的方式<u>その他の人</u>の知覚によつては認識することができない方式で作られる記録であつて、電子計算機による情報処理の用に供されるものをいう。<u>第34条第１項において同じ。</u>）を作成する場合における当該電磁的記録を含む。以下同じ。）で財務省令で定めるもの（以下「申告書等」という。）を作成することをいう。） 　三　同左 ２　同左 ３　前２項の規定は、税理士が他の税理士又は税理士法人（第48条の２に規定する税理士法人をいう。次章、第４章及び第５章において

新	旧
同じ。）の補助者として<u>前２項</u>の業務に従事することを妨げない。	同じ。）の補助者として<u>これらの項</u>の業務に従事することを妨げない。
<u>**（税理士の業務における電磁的方法の利用等を通じた納税義務者の利便の向上等）**</u> <u>**第２条の３**</u>　<u>税理士は、第２条の業務を行うに当たつては、同条第１項各号に掲げる事務及び同条第２項の事務における電磁的方法（電子情報処理組織を使用する方法その他の情報通信の技術を利用する方法をいう。第49条の２第２項第８号において同じ。）の積極的な利用その他の取組を通じて、納税義務者の利便の向上及びその業務の改善進歩を図るよう努めるものとする。</u>	
（欠格条項） **第４条**　次の各号のいずれかに該当する者は、前条の規定にかかわらず、税理士となる資格を有しない。 一〜六　省略	（欠格条項） **第４条**　同左 　一〜六　同左
<u>七　第48条第１項の規定により第44条第３号に掲げる処分を受けるべきであつたことについて決定を受けた者で、当該決定を受けた日から３年を経過しないもの</u>	
<u>八</u>　省略 <u>九</u>　省略 <u>十</u>　省略 <u>十一</u>　省略	<u>七</u>　同左 <u>八</u>　同左 <u>九</u>　同左 <u>十</u>　同左
（受験資格） **第５条**　<u>税理士試験（次条第１号に定める科目の試験に限る。）は、次の各号のいずれかに該当する者で</u>	（受験資格） **第５条**　次の各号のいずれかに該当する者は、<u>税理士試験を受けることが</u>できる。

新	旧
なければ、受けることができない。	
一　省略	一　同左
二　学校教育法（昭和22年法律第26号）の規定による大学若しくは高等専門学校を卒業した者でこれらの学校において<u>社会科学に属する科目</u>を修めたもの又は同法第91条第２項の規定により同法による大学を卒業した者と同等以上の学力があると認められた者で財務省令で定める学校において<u>社会科学に属する科目</u>を修めたもの	二　学校教育法（昭和22年法律第26号）の規定による大学若しくは高等専門学校を卒業した者でこれらの学校において<u>法律学又は経済学</u>を修めたもの又は同法第91条第２項の規定により同法による大学を卒業した者と同等以上の学力があると認められた者で財務省令で定める学校において<u>法律学又は経済学</u>を修めたもの
三・四　省略	三・四　同左
五　国税審議会が<u>社会科学に属する科目</u>に関し前３号に掲げる者と同等以上の学力を有するものと認定した者	五　国税審議会が<u>法律学又は経済学</u>に関し前３号に掲げる者と同等以上の学力を有するものと認定した者
2　<u>前項第１号イからへまでに掲げ</u>る事務又は業務の２以上に従事した者は、これらの事務又は業務の２以上に従事した期間を通算した場合に、その期間が２年以上になるときは、<u>同号に該当する者とみなして、同項の規定を適用する。</u>	2　<u>前項第１号に掲げる</u>事務又は業務の２以上に従事した者は、これらの事務又は業務の２以上に従事した期間を通算した場合に、その期間が２年以上になるときは、<u>税理士試験を受けることができる。</u>
3　<u>第１項第１号イからへまでに掲</u>げる事務又は業務に類する事務又は業務として国税審議会の認定を受けた事務又は業務は、<u>同号イからへまでに掲げる</u>事務又は業務と<u>みなして、前２項の規定を適用する。</u>	3　<u>前２項の規定の適用については、第１項第１号に掲げる</u>事務又は業務に類する事務又は業務として国税審議会の認定を受けた事務又は業務は、<u>同号に掲げる</u>事務又は業務と<u>みなす。</u>
4　省略	4　同左
（税理士名簿）	（税理士名簿）
第19条　省略	第19条　同左
2　省略	2　同左
3　日本税理士会連合会は、財務省令で定めるところにより、第１項	3　日本税理士会連合会は、財務省令で定めるところにより、第１項

新	旧
の税理士名簿を<u>電磁的記録</u>をもつて<u>作成する</u>ことができる。	の税理士名簿を<u>磁気ディスク（これに準ずる方法により一定の事項を確実に記録しておくことができる物を含む。第41条及び第48条の10において同じ。）</u>をもつて<u>調製する</u>ことができる。
（登録拒否事由） **第24条** 次の各号のいずれかに該当する者は、税理士の登録を受けることができない。 一～五 省略 <u>六 第48条第1項の規定により第44条第2号に掲げる処分を受けるべきであつたことについて決定を受けた者で、同項後段の規定により明らかにされた期間を経過しないもの</u> 七 次のイ又はロのいずれかに該当し、税理士業務を行わせることがその適正を欠くおそれがある者 イ 省略 ロ 第4条第3号から<u>第11号</u>までのいずれかに該当していた者が当該各号に規定する日から当該各号に規定する年数を経過して登録の申請をしたとき。 <u>八</u> 省略	**（登録拒否事由）** **第24条** 同左 一～五 同左 六 同左 イ 同左 ロ 第4条第3号から<u>第10号</u>までのいずれかに該当していた者が当該各号に規定する日から当該各号に規定する年数を経過して登録の申請をしたとき。 七 同左
（登録の取消し） **第25条** 日本税理士会連合会は、税理士の登録を受けた者が、次の各号のいずれかに該当するときは、第49条の16に規定する資格審査会の議決に基づき、当該登録を取り消すことができる。 一 省略	**（登録の取消し）** **第25条** 同左 一 同左

新	旧
二　第24条第7号（イに係る部分に限る。）に規定する者に該当するに至つたとき。	二　第24条第6号（イに係る部分に限る。）に規定する者に該当するに至つたとき。
三　省略	三　同左
2　省略	2　同左
3　前条第1項及び第4項の規定は、第1項の規定により登録を取り消された者において当該処分に不服がある場合について準用する。この場合において、同条第4項中「第46条第2項」とあるのは、「第46条第1項」と読み替えるものとする。	3　前条第1項及び第4項の規定は、第1項の規定により登録を取り消された者において当該処分に不服がある場合に準用する。この場合において、同条第4項中「第46条第2項」とあるのは、「第46条第1項」と読み替えるものとする。
（登録の抹消）	**（登録の抹消）**
第26条　日本税理士会連合会は、税理士が次の各号のいずれかに該当することとなつたときは、遅滞なくその登録を抹消しなければならない。	**第26条**　同左
一～三　省略	一～三　同左
四　前号に規定するもののほか、第4条第2号から第6号まで又は第8号から第10号までのいずれかに該当するに至つたことその他の事由により税理士たる資格を有しないこととなつたとき。	四　前号に規定するもののほか、第4条第2号から第9号までのいずれかに該当するに至つたことその他の事由により税理士たる資格を有しないこととなつたとき。
2　省略	2　同左
（帳簿作成の義務）	**（帳簿作成の義務）**
第41条　省略	**第41条**　同左
2　省略	2　同左
3　税理士は、財務省令で定めるところにより、第1項の帳簿を電磁的記録をもつて作成することができる。	3　税理士は、財務省令で定めるところにより、第1項の帳簿を磁気ディスクをもつて調製することができる。
（除斥期間）	
第47条の3　懲戒の事由があつたと	

新	旧
きから10年を経過したときは、懲戒の手続を開始することができない。	
（懲戒処分の公告） **第47条の4**　省略	（懲戒処分の公告） **第48条**　同左
（懲戒処分を受けるべきであつたことについての決定等） **第48条**　財務大臣は、税理士であつた者につき税理士であつた期間内に第45条又は第46条に規定する行為又は事実があると認めたときは、当該税理士であつた者がこれらの規定による懲戒処分を受けるべきであつたことについて決定をすることができる。この場合において、財務大臣は、当該税理士であつた者が受けるべきであつた懲戒処分の種類（当該懲戒処分が第44条第2号に掲げる処分である場合には、懲戒処分の種類及び税理士業務の停止をすべき期間）を明らかにしなければならない。 **2**　第47条第1項から第3項までの規定は、税理士であつた者につき税理士であつた期間内に第45条又は第46条に規定する行為又は事実があると認めた場合について準用する。 **3**　第47条第4項及び第5項並びに前2条の規定は、第1項の規定による決定について準用する。	
（業務の範囲） **第48条の5**　税理士法人は、税理士業務を行うほか、定款で定めるところにより、第2条第2項の業務その他の業務で税理士が行うこと	（業務の範囲） **第48条の5**　税理士法人は、税理士業務を行うほか、定款で定めるところにより、第2条第2項の業務その他これに準ずるものとして財

新	旧
<u>が</u>できるものとして財務省令で定める業務の全部又は一部を行うことができる。	務省令で定める業務の全部又は一部を行うことができる。
（成立の届出等） **第48条の10**　省略 2　省略 3　日本税理士会連合会は、財務省令で定めるところにより、前項の名簿を<u>電磁的記録</u>をもつて<u>作成する</u>ことができる。	**（成立の届出等）** **第48条の10**　同左 2　同左 3　日本税理士会連合会は、財務省令で定めるところにより、前項の名簿を<u>磁気ディスク</u>をもつて<u>調製</u>することができる。
（税理士の権利及び義務等に関する規定の準用） **第48条の16**　第１条、<u>第２条の３、</u>第30条、第31条、第34条から第37条の２まで、第39条及び第41条から第41条の３までの規定は、税理士法人について準用する。	**（税理士の権利及び義務等に関する規定の準用）** **第48条の16**　第１条、第30条、第31条、第34条から第37条の２まで、第39条及び第41条から第41条の３までの規定は、税理士法人について準用する。
（法定脱退） **第48条の17**　税理士法人の社員は、次に掲げる理由によつて脱退する。 一～三　省略 四　<u>第43条の規定に該当することとなつたこと。</u> 五　<u>第45条又は第46条の規定による税理士業務の停止の処分を受けたこと。</u> 六　省略	**（法定脱退）** **第48条の17**　同左 一～三　同左 四　同左
（違法行為等についての処分） **第48条の20**　省略 2　第47条、<u>第47条の３及び第47条の４</u>の規定は、前項の処分について準用する。 3・4　省略	**（違法行為等についての処分）** **第48条の20**　同左 2　第47条<u>及び第48条</u>の規定は、前項の処分について準用する。 3・4　同左
（税理士会の会則）	**（税理士会の会則）**

新	旧
第49条の2　省略	第49条の2　同左
2　税理士会の会則には、次の事項を記載しなければならない。	2　同左
一〜七　省略	一〜七　同左
<u>八　第二条の業務において電磁的方法により行う事務に関する規定</u>	
九　省略	八　同左
十　省略	九　同左
十一　省略	十　同左
十二　省略	十一　同左
十三　省略	十二　同左
3　省略	3　同左
（日本税理士会連合会の会則）	（日本税理士会連合会の会則）
第49条の14　日本税理士会連合会の会則には、次の事項を記載しなければならない。	第49条の14　同左
一　第49条の2第2項第1号、第3号から第5号まで、<u>第8号及び第11号から第13号までに掲げる事項</u>	一　第49条の2第2項第1号、第3号から第5号まで<u>及び第10号から第12号までに掲げる事項</u>
二〜五　省略	二〜五　同左
六　<u>第49条の2第2項第10号</u>に規定する税理士業務の実施の基準に関する規定	六　<u>第49条の2第2項第9号</u>に規定する税理士業務の実施の基準に関する規定
2　省略	2　同左
（税理士業務を行う弁護士等）	（税理士業務を行う弁護士等）
第51条　省略	第51条　同左
2　前項の規定により税理士業務を行う弁護士は、税理士業務を行う範囲において、第1条、第30条、第31条、第33条から第38条まで、第41条から第41条の3まで、第43条前段、第44条から第46条まで（これらの規定中税理士業務の禁止の処分に関する部分を除く。）、第47条、<u>第47条の3、第47条の4及</u>	2　前項の規定により税理士業務を行う弁護士は、税理士業務を行う範囲において、第1条、第30条、第31条、第33条から第38条まで、第41条から第41条の3まで、第43条前段、第44条から第46条まで（これらの規定中税理士業務の禁止の処分に関する部分を除く。）、第47条、<u>第48条、第54条及び第55条</u>

新	旧
び第54条から第56条までの規定の適用については、税理士とみなす。この場合において、第33条第3項及び第33条の2第3項中「税理士である旨その他財務省令で定める事項」とあるのは、「第51条第1項の規定による通知をした弁護士である旨及び同条第3項の規定による通知をした弁護士法人又は弁護士・外国法事務弁護士共同法人の業務として同項の業務を行う場合にはこれらの法人の名称」とする。	の規定の適用については、税理士とみなす。この場合において、第33条第3項及び第33条の2第3項中「税理士である旨その他財務省令で定める事項」とあるのは、「第51条第1項の規定による通知をした弁護士である旨及び同条第3項の規定による通知をした弁護士法人又は弁護士・外国法事務弁護士共同法人の業務として同項の業務を行う場合にはこれらの法人の名称」とする。
3　省略	3　同左
4　前項の規定により税理士業務を行う弁護士法人又は弁護士・外国法事務弁護士共同法人は、税理士業務を行う範囲において、第33条、第33条の2、第48条の16（第2条の3及び第39条の規定を準用する部分を除く。）、第48条の20（税理士法人に対する解散の命令に関する部分を除く。）及び第54条から第56条までの規定の適用については、税理士法人とみなす。	4　前項の規定により税理士業務を行う弁護士法人又は弁護士・外国法事務弁護士共同法人は、税理士業務を行う範囲において、第33条、第33条の2、第48条の16（第39条の規定を準用する部分を除く。）、第48条の20（税理士法人に対する解散の命令に関する部分を除く。）、第54条及び第55条の規定の適用については、税理士法人とみなす。
（監督上の措置） **第55条**　省略	**（監督上の措置）** **第55条**　同左
2　国税庁長官は、第48条第1項の規定による決定のため必要があるときは、税理士であつた者から報告を徴し、又は当該職員をして税理士であつた者に質問し、若しくはその業務に関する帳簿書類を検査させることができる。	
3　前2項の規定による報告の徴取、質問又は検査の権限は、犯罪捜査のために認められたものと解してはならない。	2　前項の規定による報告の徴取、質問又は検査の権限は、犯罪捜査のために認められたものと解してはならない。

新	旧
（関係人等への協力要請） **第56条** <u>国税庁長官は、この法律の規定に違反する行為又は事実があると思料するときその他税理士業務の適正な運営を確保するため必要があるときは、関係人又は官公署に対し、当該職員をして、必要な帳簿書類その他の物件の閲覧又は提供その他の協力を求めさせることができる。</u>	**第56条** <u>削除</u>
（事務の委任） **第57条** 国税庁長官は、第55条第1項<u>若しくは第2項又は前条の規定</u>によりその権限に属せしめられた事務を国税局長又は税務署長に取り扱わせることができる。 2 省略	**（事務の委任）** **第57条** 国税庁長官は、第55条第1項<u>の規定</u>によりその権限に属せしめられた事務を国税局長又は税務署長に取り扱わせることができる。 2 同左
第58条 第36条（第48条の16又は第50条第2項において準用する場合を含む。）の規定に違反した<u>ときは、その違反行為をした者は、3</u>年以下の懲役又は200万円以下の罰金に処する。	**第58条** 第36条（第48条の16又は第50条第2項において準用する場合を含む。）の規定に違反した<u>者は、</u>3年以下の懲役又は200万円以下の罰金に処する。
第59条 次の各号のいずれかに該当する場合には、<u>その違反行為をした者は、</u>2年以下の懲役又は100万円以下の罰金に処する。 一 税理士となる資格を有しない<u>者が、</u>日本税理士会連合会に対し、その資格につき虚偽の申請をして税理士名簿に登録させた<u>とき。</u> 二 第37条の2（第48条の16において準用する場合を含む。）の規定に<u>違反したとき。</u>	**第59条** 次の各号のいずれかに該当する<u>者は、</u>2年以下の懲役又は100万円以下の罰金に処する。 一 税理士となる資格を有しない<u>者で、</u>日本税理士会連合会に対し、その資格につき虚偽の申請をして税理士名簿に登録させた<u>もの</u> 二 第37条の2（第48条の16において準用する場合を含む。）の規定に<u>違反した者</u>

新	旧
三　第38条（第50条第2項において準用する場合を含む。）又は第54条の規定に<u>違反したとき。</u>	三　第38条（第50条第2項において準用する場合を含む。）又は第54条の規定に<u>違反した者</u>
四　第52条の規定に<u>違反したとき。</u>	四　第52条の規定に<u>違反した者</u>
2　省略	2　同左
第60条　次の各号のいずれかに該当<u>する場合には、その違反行為をした者</u>は、1年以下の懲役又は100万円以下の罰金に処する。	**第60条**　次の各号のいずれかに該当<u>する者</u>は、1年以下の懲役又は100万円以下の罰金に処する。
一　第42条の規定に<u>違反したとき。</u>	一　第42条の規定に<u>違反した者</u>
二　第43条の規定に<u>違反したとき。</u>	二　第43条の規定に<u>違反した者</u>
三　第45条若しくは第46条又は第48条の20第1項の規定による税理士業務の停止の処分を受けた場合において、その処分に違反して税理士業務を<u>行つたとき。</u>	三　第45条若しくは第46条又は第48条の20第1項の規定による税理士業務の停止の処分を受けた場合において、その処分に違反して税理士業務を<u>行つた者</u>
第61条　次の各号のいずれかに該当<u>する場合には、その違反行為をした者</u>は、100万円以下の罰金に処する。	**第61条**　次の各号のいずれかに該当<u>する者</u>は、100万円以下の罰金に処する。
一　第53条第1項の規定に<u>違反したとき。</u>	一　第53条第1項の規定に<u>違反した者</u>
二　第53条第2項の規定に<u>違反したとき。</u>	二　第53条第2項の規定に<u>違反した者</u>
三　第53条第3項の規定に<u>違反したとき。</u>	三　第53条第3項の規定に<u>違反した者</u>
第62条　次の各号のいずれかに該当<u>する場合には、その違反行為をした者</u>は、30万円以下の罰金に処する。	**第62条**　次の各号のいずれかに該当<u>する者</u>は、30万円以下の罰金に処する。
一　第48条の19の2第6項（第49条の12第3項において準用する場合を含む。）において準用する会社法第955条第1項の規定に違反して、同項に規定する調査記録簿等に同項に規定する電子公	一　第48条の19の2第6項（第49条の12第3項において準用する場合を含む。）において準用する会社法第955条第1項の規定に違反して、同項に規定する調査記録簿等に同項に規定する電子公

新	旧
告調査に関し法務省令で定めるものを記載せず、若しくは記録せず、若しくは虚偽の記載若しくは記録をし、又は当該調査記録簿等を<u>保存しなかつたとき。</u> 二　第49条の19第１項又は第55条第１項<u>若しくは第２項の規定</u>による報告、質問又は検査について、報告をせず、若しくは虚偽の報告をし、質問に答弁せず、若しくは虚偽の答弁をし、又は検査を拒み、妨げ、若しくは<u>忌避したとき。</u>	告調査に関し法務省令で定めるものを記載せず、若しくは記録せず、若しくは虚偽の記載若しくは記録をし、又は当該調査記録簿等を<u>保存しなかつた者</u> 二　第49条の19第１項又は第55条<u>第一項の規定</u>による報告、質問又は検査について、報告をせず、若しくは虚偽の報告をし、質問に答弁せず、若しくは虚偽の答弁をし、又は検査を拒み、妨げ、若しくは<u>忌避した者</u>
第63条　法人の代表者又は法人若しくは人の代理人、使用人その他の従業者が、その法人又は人の業務に関し、第58条、第59条第１項第２号（第48条の16において準用する第37条の２に係る部分に限る。）若しくは第４号、第60条第３号（第48条の20第１項に係る部分に限る。）、第61条又は<u>前条第１号若しくは第２号（第49条の19第１項及び第55条第１項（税理士法人に係る部分に限る。）に係る部分に限る。）</u>の違反行為をしたときは、その行為者を罰するほか、その法人又は人に対し、各本条の罰金刑を科する。	**第63条**　法人の代表者又は法人若しくは人の代理人、使用人その他の従業者が、その法人又は人の業務に関し、第58条、第59条第１項第２号（第48条の16において準用する第37条の２に係る部分に限る。）若しくは第４号、第60条第３号（第48条の20第１項に係る部分に限る。）、第61条又は<u>前条の違反行為</u>をしたときは、その行為者を罰するほか、その法人又は人に対し、各本条の罰金刑を科する。
<u>**附則**（令和４年３月31日法律第４号）抄</u> <u>**（施行期日）**</u> **第１条**　<u>この法律は、令和４年４月１日から施行する。ただし、次の各号に掲げる規定は、当該各号に定める日から施行する。</u> <u>一から三まで　略</u>	

新	旧
四　次に掲げる規定　令和5年4月1日 イ及びロ　略 　ハ　第13条中税理士法第2条の改正規定（同条第1項第2号に係る部分を除く。）、同法第4条の改正規定、同法第5条の改正規定、同法第24条の改正規定、同法第25条の改正規定、同法第26条第1項第4号の改正規定、同法第47条の2の次に1条を加える改正規定、同法第48条を同法第47条の4とし、同法第5章中同条の次に1条を加える改正規定、同法第48条の20第2項の改正規定、同法第49条の2第2項の改正規定、同法第49条の14第1項の改正規定、同法第51条第2項の改正規定、同条第4項の改正規定（「第39条」を「第2条の3及び第39条」に改める部分を除く。）、同法第55条の改正規定、同法第56条の改正規定、同法第57条第1項の改正規定、同法第58条の改正規定、同法第59条第1項の改正規定、同法第60条の改正規定、同法第61条の改正規定、同法第62条の改正規定及び同法第63条の改正規定並びに附則第70条第2項及び第3項、第86条（地方自治法（昭和22年法律第67号）別表第一の改正規定を除く。）、第87条から第91条まで、第93条、第94条並びに第97条の規定	

新	旧
(税理士法の一部改正に伴う経過措置) **第70条** 施行日から令和5年3月31日までの間における第13条の規定による改正後の税理士法（以下この条において「新税理士法」という。）第2条の3の規定の適用については、同条中「いう。第49条の2第2項第8号において同じ」とあるのは、「いう」とする。 **2** 新税理士法第47条の3及び第48条の規定は、令和5年4月1日以後の税理士法第45条又は第46条に規定する行為又は事実について適用する。 **3** 新税理士法第48条の20第2項において準用する新税理士法第47条の3の規定は、令和5年4月1日以後の新税理士法第48条の20第1項に規定する行為又は事実について適用する。 **(罰則に関する経過措置)** **第98条** この法律（附則第1条各号に掲げる規定にあっては、当該規定。以下この条において同じ。）の施行前にした行為並びにこの附則の規定によりなお従前の例によることとされる場合及びこの附則の規定によりなおその効力を有することとされる場合におけるこの法律の施行後にした行為に対する罰則の適用については、なお従前の例による。 **(政令への委任)** **第99条** この附則に規定するもののほか、この法律の施行に関し必要な経過措置は、政令で定める。	

税理士法施行令（令和4年3月31日政令第150号）

新	旧
（税理士会の通知） **第6条の3**　省略 <u>2</u>　<u>前項の規定は、税理士会が法第48条第2項において準用する法第47条第2項の規定により財務大臣に通知する場合について準用する。</u>	（税理士会の通知） **第6条の3**　同左
（税理士会の設立） **第7条**　省略 2　設立委員が設立総会を招集しようとするときは、その日時及び場所並びに会議の目的となる事項を、会日より2週間前までに、会員となるべき税理士に書面又は<u>電磁的記録（電子的方式、磁気的方式その他人の知覚によつては認識することができない方式で作られる記録であつて、電子計算機による情報処理の用に供されるものをいう。以下同じ。）により通知する</u>とともに、国税庁長官に報告しなければならない。 3　省略 4　会員となるべき税理士で設立総会に出席することができないものは、あらかじめ会議の目的となる事項について賛否の意見を明らかにした書面<u>又は電磁的記録</u>をもつて出席者に委任して、その議決権を行使することができる。 5・6　省略	（税理士会の設立） **第7条**　同左 2　設立委員が設立総会を招集しようとするときは、その日時及び場所並びに会議の目的となる事項を、会日より2週間前までに、会員となるべき税理士に<u>書面で通知</u>するとともに、国税庁長官に報告しなければならない。 3　同左 4　会員となるべき税理士で設立総会に出席することができないものは、あらかじめ会議の目的となる事項について賛否の意見を明らかにした書面をもつて出席者に委任して、その議決権を行使することができる。 5・6　同左
（税理士会の会則の変更） **第7条の2**　法第49条の2第3項に規定する政令で定める重要な事項は、同条第2項第4号から<u>第11号</u>までに掲げる事項とする。 2・3　省略	（税理士会の会則の変更） **第7条の2**　法第49条の2第3項に規定する政令で定める重要な事項は、同条第2項第4号から<u>第10号</u>までに掲げる事項とする。 2・3　同左

新	旧
（総会の招集） **第8条**　税理士会は、総会を招集しようとするときは、その日時及び場所並びに会議の目的となる事項を、会日より2週間前までに、当該税理士会の会則で定めるところにより、会員（会員である税理士に限る。次条において同じ。）に<u>書面又は電磁的記録により</u>通知しなければならない。	（総会の招集） **第8条**　税理士会は、総会を招集しようとするときは、その日時及び場所並びに会議の目的となる事項を、会日より2週間前までに、当該税理士会の会則で定めるところにより、会員（会員である税理士に限る。次条において同じ。）に<u>書面で</u>通知しなければならない。
（日本税理士会連合会の会則の変更） **第11条の2**　法第49条の14第2項に規定する政令で定める重要な事項は、同条第1項第1号（法第49条の2第2項第4号、第5号<u>、第8号及び第11号</u>に係る部分に限る。）及び第4号から第6号までに掲げる事項とする。 2　省略	（日本税理士会連合会の会則の変更） **第11条の2**　法第49条の14第2項に規定する政令で定める重要な事項は、同条第1項第1号（法第49条の2第2項第4号、第5号<u>及び第10号</u>に係る部分に限る。）及び第4号から第6号までに掲げる事項とする。 2　同左
（当該職員の証票携帯） **第15条**　<u>次の各号の当該職員は、当該各号に掲げる場合には、その身分を示す証票を携帯し、関係人の請求があつたときは、これを提示しなければならない。</u> <u>一　法第49条の19第1項の規定により当該職員が税理士会又は日本税理士会連合会の業務の状況又は帳簿書類（その作成又は保存に代えて電磁的記録の作成又は保存がされている場合における当該電磁的記録を含む。次号において同じ。）その他の物件を検査する場合</u> <u>二　法第55条第1項又は第2項の規定により当該職員が税理士若しくは税理士法人又は税理士で</u>	（当該職員の証票携帯） **第15条**　<u>法第49条の19第1項の規定により当該職員が税理士会若しくは日本税理士会連合会の業務の状況若しくは帳簿書類その他の物件を検査する場合又は法第55条第1項の規定により当該職員が税理士又は日又は税理士法人に質問し、若しくはその業務に関する帳簿書類を検査する場合においては、当該職員は、その身分を示す証票を携帯し、利害関係人の請求があつたときは、これを提示しなければならない。</u>

新	旧
あつた者に質問し、又はその業務に関する帳簿書類を検査する場合 三　法第56条の規定により当該職員が同条の職務を執行する場合 **附則**（令和４年３月31日政令第150号）抄 **（施行期日）** 1　この政令は、令和５年４月１日から施行する。ただし、第１条中税理士法施行令第７条の改正規定及び同令第８条の改正規定は、令和４年４月１日から施行する。	

国税審議会令（令和４年３月31日政令第150号））

新	旧
（組織） **第２条**　省略 2・3　省略 4　審議会に、税理士法第45条若しくは第46条の規定による懲戒処分、同法第48条第１項の規定による決定又は同法第48条の20第１項の規定による処分（第８条第５項において「懲戒処分等」という。）について審査を行わせるため、懲戒等審査委員を置く。 **（委員等の任命）** **第３条**　省略 2　省略 3　懲戒等審査委員は、前条第４項の審査を行うについて必要な実務経験のある者及び学識経験のある者のうちから、審議会の推薦に基づき、財務大臣が任命する。	**（組織）** **第２条**　同左 2・3　同左 4　審議会に、税理士法第45条若しくは第46条又は第48条の20第１項の規定による懲戒処分について審査を行わせるため、懲戒審査委員を置く。 **（委員等の任命）** **第３条**　同左 2　同左 3　懲戒審査委員は、懲戒審査を行うについて必要な実務経験のある者及び学識経験のある者のうちから、審議会の推薦に基づき、財務大臣が任命する。

新	旧
（委員の任期等） 第4条　省略 2・3　省略 4　試験委員及び<u>懲戒等審査委員</u>は、その者の任命に係る事務が終了したときは、解任されるものとする。 5　委員、臨時委員、試験委員及び<u>懲戒等審査委員</u>は、非常勤とする。 （分科会） 第6条　省略 2　省略 3　試験委員及び<u>懲戒等審査委員</u>は、税理士分科会に属する。 4〜7　省略 （議事） 第8条　省略 2〜4　省略 5　委員、臨時委員及び<u>懲戒等審査委員</u>は、税理士法の規定により審議会の権限に属させられた事項のうち、自己に関係のある<u>懲戒処分等</u>についての審議又は審査に参加することができない。 <u>附則</u>（令和4年3月31日政令第150号）抄 <u>（施行期日）</u> <u>1</u>　<u>この政令は、令和5年4月1日から施行する。</u>	（委員の任期等） 第4条　同左 2・3　同左 4　試験委員及び<u>懲戒審査委員</u>は、その者の任命に係る事務が終了したときは、解任されるものとする。 5　委員、臨時委員、試験委員及び<u>懲戒審査委員</u>は、非常勤とする。 （分科会） 第6条　同左 2　同左 3　試験委員及び<u>懲戒審査委員</u>は、税理士分科会に属する。 4〜7　同左 （議事） 第8条　同左 2〜4　同左 5　委員、臨時委員及び<u>懲戒審査委員</u>は、税理士法の規定により審議会の権限に属させられた事項のうち、自己に関係のある<u>懲戒処分</u>についての審議又は審査に参加することができない。

税理士法施行規則（令和4年3月31日財務省令第24号）

新	旧
目次 　第1章　総則（第1条─第1条の3）	目次 　第1章　同左

新	旧
第1章の2　税理士試験（第2条―第7条）	第1章の2　同左
第2章　登録（第8条―<u>第14条の4</u>）	第2章　登録（第8条―<u>第14条の3</u>）
第3章　雑則（第15条―第27条）	第3章　同左
附則	附則

（申告書等）

第1条　税理士法（昭和26年法律第237号。以下「法」という。）第2条第1項第2号に規定する財務省令で定める書類（その作成に代えて電磁的記録（電子的方式、磁気的方式<u>その他人</u>の知覚によつては認識することができない方式で作られる記録であつて、電子計算機による情報処理の用に供されるものをいう。<u>第22条の4を除き、以下同じ。</u>）を作成する場合における当該電磁的記録を含む。以下同じ。）は、届出書、報告書、申出書、申立書、計算書、明細書その他これらに準ずる書類とする。

（税法に関する研修）

第1条の3　法第3条第3項に規定する財務省令で定める税法に関する研修は、<u>税法に属する科目（法第6条第1号に規定する税法に属する科目をいう。第2条の5第1項において同じ。）</u>について、法第7条第1項に規定する成績を得た者が有する学識と同程度のものを習得することができるものとして国税審議会が指定する研修とする。

2　省略

（受験資格の認定の申請）

第2条の3　税理士試験（<u>法第6条</u>

（申告書等）

第1条　税理士法（昭和26年法律第237号。以下「法」という。）第2条第1項第2号に規定する財務省令で定める書類（その作成に代えて電磁的記録（電子的方式、磁気的方式<u>その他の人</u>の知覚によつては認識することができない方式で作られる記録であつて、電子計算機による情報処理の用に供されるものをいう。）を作成する場合における当該電磁的記録を含む。以下同じ。）は、届出書、報告書、申出書、申立書、計算書、明細書その他これらに準ずる書類とする。

（税法に関する研修）

第1条の3　法第3条第3項に規定する財務省令で定める税法に関する研修は、法第6条第1号に規定する税法に属する科目について、法第7条第1項に規定する成績を得た者が有する学識と同程度のものを習得することができるものとして国税審議会が指定する研修とする。

2　同左

（受験資格の認定の申請）

第2条の3　税理士試験（法第6条

新	旧
第1号に定める科目の試験に限る。）の受験資格について法第5条第1項第5号又は第3項に規定する国税審議会の認定を受けようとする者は、別紙第一号様式による税理士試験受験資格認定申請書に、次の各号に掲げる場合の区分に応じ当該各号に定める書類を添付し、国税審議会会長に提出しなければならない。 一　法第5条第1項第5号の認定を受けようとする場合　学歴又は職歴を証する書面を証する書面 二　法第5条第3項の認定を受けようとする場合　事務又は業務の内容を証する書面を証する書面 2　前項の申請書の提出があつた場合において、国税審議会が法第5条第1項第5号若しくは第3項の認定をしたとき、又はその認定をしなかつたときは、国税審議会会長は、その旨を当該申請者に通知しなければならない。	第1号に定める科目の試験に限る。）の受験資格について法第5条第1項第5号又は同条第3項に規定する国税審議会の認定を受けようとする者は、別紙第一号様式による税理士試験受験資格認定申請書に、次に掲げる書類を添付し、国税審議会会長に提出しなければならない。 一　法第5条第1項第5号の認定を受けようとするときは、学歴又は職歴を証する書面を証する書面 二　法第5条第3項の認定を受けようとするときは、事務又は業務の内容を証する書面を証する書面 2　前項の申請書の提出があつた場合において、国税審議会が法第5条第1項第5号若しくは同条第3項の認定をしたとき又はその認定をしなかつたときは、国税審議会会長は、その旨を当該申請者に通知しなければならない。
（受験願書） 第2条の4　税理士試験を受けようとする者は、別紙第二号様式による税理士試験受験願書に次に掲げる書類（会計学に属する科目（法第6条第2号に規定する会計学に属する科目をいう。次条第2項第3号及び第2条の8において同じ。）の試験のみを受けようとする者にあつては、第1号及び第2号に掲げる書類）を添付し、税理士試験受験願書の受付期間内に、当該税理士試験を受けようとする場	（受験願書） 第2条の4　税理士試験を受けようとする者は、別紙第二号様式による税理士試験受験願書に次に掲げる書類を添付し、税理士試験受験願書の受付期間内に、当該試験を受けようとする場所を管轄する国税局長を経由して、これを国税審議会会長に提出しなければならない。

新	旧
所を管轄する国税局長を経由して、これを国税審議会会長に提出しなければならない。 一～三 省略 2～4 省略 5 第1項の場合において、国税局長が税理士試験受験願書を受理したときは、当該<u>税理士試験受験願書は</u>、同項の規定により国税審議会会長に提出されたものとみなす。	 一～三 同左 2～4 同左 5 第1項の場合において、国税局長が税理士試験受験願書を受理したときは、当該<u>願書は</u>、同項の規定により国税審議会会長に提出されたものとみなす。
(法第7条第2項等の財務省令で定める科目等) **第2条の5** 法第7条第2項に規定する財務省令で定める科目は、次に掲げる科目とする。 一 租税（関税、とん税及び特別とん税を除く。次号において同じ。）に関する法律（税法に属する科目を除く。） 二 省略 三 税法に属する科目及び前2号に掲げる科目に類する科目 2 法第7条第3項に規定する財務省令で定める科目は、次に掲げる科目とする。 一・二 省略 三 会計学に属する科目及び前2号に掲げる科目に類する科目 3 省略	**(法第7条第2項等の財務省令で定める科目等)** **第2条の5** 同左 一 租税（関税、とん税及び特別とん税を除く。次号において同じ。）に関する法律（<u>法第6条第1号に規定する税法に属する科目</u>を除く。）関する 二 同左 三 <u>法第6条第1号に規定する税法</u>に属する科目及び前2号に掲げる科目に類する科目 2 同左 一・二 同左 三 <u>法第6条第2号に規定する会計学</u>に属する科目及び前2号に掲げる科目に類する科目 3 同左
(指定研修の要件) **第2条の8** 法第8条第1項第10号に規定する財務省令で定める要件は、次の各号に掲げる要件とする。 一 省略	**(指定研修の要件)** **第2条の8** 法第8条第1項第10号に規定する財務省令で定める要件は、次の各号に掲げる要件とする。 一 同左

新	旧
二　会計学に属する科目を必修とする研修であること。	二　法第6条第2号に規定する会計学に属する科目（以下この条において単に「会計科目」という。）を必修とする研修であること。
三　会計学に属する科目について、高度の研修を行うものであること。	三　会計科目について、高度の研修を行うものであること。
四　省略	四　同左
五　会計学に属する科目に係る研修の効果を測定するために試験が行われ、その試験に合格することが研修の修了要件とされていること。	五　会計科目に係る研修の効果を測定するために試験が行われ、その試験に合格することが研修の修了要件とされていること。
（税理士名簿） **第9条**　省略 2　日本税理士会連合会は、法第19条第3項の規定により税理士名簿を電磁的記録をもつて作成する場合には、電子計算機（電子計算機による方法に準ずる方法により一定の事項を確実に記録しておくことができる機器を含む。第19条及び第22条第3項において同じ。）の操作によるものとする。	**（税理士名簿）** **第9条**　同左 2　日本税理士会連合会は、法第19条第3項の規定により税理士名簿を磁気ディスク（これに準ずる方法により一定の事項を確実に記録しておくことができる物を含む。第19条、第22条第3項及び第22条の2第2項において同じ。）をもつて調製する場合には、電子計算機（電子計算機による方法に準ずる方法により一定の事項を確実に記録しておくことができる機器を含む。第19条及び第22条第3項において同じ。）の操作によるものとする。
（登録の申請） **第11条**　省略 2　法第21条第1項の登録申請書（次項及び次条において「登録申請書」という。）には、次に掲げるもの（第2条の4第1項の税理士試験受験願書又は第3条第1項若し	**（登録の申請）** **第11条**　同左 2　同左

新	旧
くは第2項の申請書の提出の時から氏名又は本籍に変更があつた者以外の者にあつては、第3号に掲げるものを除く。）を添付しなければならない。	
一～五　省略	一～五　同左
六　申請者が法第4条第3号から<u>第11号</u>まで及び第24条各号のいずれにも該当しないことを誓約する書面	六　申請者が法第4条第3号から<u>第10号</u>まで及び第24条各号のいずれにも該当しないことを誓約する書面
七　省略	七　同左
3・4　省略	3・4　同左
（報酬のある公職）	**（報酬のある公職）**
第12条の2　法第24条第2号に規定する財務省令で定める公職は、国税又は地方税の賦課又は徴収に関する事務に従事する職以外の公職であつて、国家公務員法（昭和22年法律第120号）その他の法令（条例を含む。）又はその公職の服務に関する規範により法第2条第2項に規定する税理士業務（<u>第19条</u>及び第26条第1項において「税理士業務」という。）との兼業が制限されていないものとする。	**第12条の2**　法第24条第2号に規定する財務省令で定める公職は、国税又は地方税の賦課又は徴収に関する事務に従事する職以外の公職であつて、国家公務員法（昭和22年法律第120号）その他の法令（条例を含む。）又はその公職の服務に関する規範により法第2条第2項に規定する税理士業務（<u>第21条</u>及び第26条第1項において「税理士業務」という。）との兼業が制限されていないものとする。
<u>（日本税理士会連合会への通知）</u>	
<u>第14条の4</u>　<u>財務大臣は、税理士であつた者に対して、法第48条第1項の規定による決定に係る聴聞又は弁明の機会の付与について行政手続法第15条第1項又は第30条に規定する通知を発した場合には、その旨を日本税理士会連合会に通知しなければならない。</u>	
<u>（税理士業務に関する帳簿の電磁的記録による作成方法）</u>	**<u>（税理士業務に関する帳簿の磁気ディスクによる調製方法）</u>**

新	旧
第19条　税理士又は税理士法人は、法第41条第3項（法第48条の16において準用する場合を含む。）の規定により税理士業務に関する帳簿を電磁的記録をもつて<u>作成する場合</u>には、電子計算機の操作によるものとする。	**第19条**　税理士又は税理士法人は、法第41条第3項（法第48条の16において準用する場合を含む。）の規定により税理士業務に関する帳簿を<u>磁気ディスク</u>をもつて<u>調製する</u>場合には、電子計算機の操作によるものとする。
（税理士法人の業務の範囲） **第21条**　法第48条の5に規定する財務省令で定める業務は、次に掲げる業務とする。 　一　財務書類の作成、会計帳簿の記帳の代行その他財務に関する事務（他の法律においてその事務を業として行うことが制限されているものを除く。）を業として行う業務 　二　当事者その他関係人の依頼又は官公署の委嘱により、後見人、保佐人、補助人、監督委員その他これらに類する地位に就き、他人の法律行為について、代理、同意若しくは取消しを行う業務又はこれらの業務を行う者を監督する業務 　三　租税に関する教育その他知識の普及及び啓発の業務	**（業務の範囲）** **第21条**　<u>法第48条の5に規定する法第2条第2項の業務に準ずるものとして財務省令で定める業務は、財務書類の作成、会計帳簿の記帳の代行その他財務に関する事務（税理士業務に付随して行うもの及び他の法律においてその事務を業として行うことが制限されているものを除く。）を業として行う業務とする。</u>
（税理士法人の名簿） **第22条**　省略 2　省略 3　日本税理士会連合会は、法第48条の10第3項の規定により税理士法人の名簿を<u>電磁的記録</u>をもつて<u>作成する</u>場合には、電子計算機の操作によるものとする。	**（税理士法人の名簿）** **第22条**　同左 2　同左 3　日本税理士会連合会は、法第48条の10第3項の規定により税理士法人の名簿を<u>磁気ディスク</u>をもつて<u>調製する</u>場合には、電子計算機の操作によるものとする。
（会計帳簿）	**（会計帳簿）**

新	旧
第22条の2　省略	**第22条の2**　同左
2　会計帳簿は、書面又は電磁的記録をもつて作成をしなければならない。	2　会計帳簿は、書面又は電磁的記録<u>（磁気ディスクをもつて調製するファイルに情報を記録したものに限る。第22条の4において同じ。）</u>をもつて作成をしなければならない。
3〜9　省略	3〜9　同左
（税理士業務を行う弁護士等の通知）	**（税理士業務を行う弁護士等の通知）**
第26条　法第51条第1項又は第3項の規定により税理士業務を行おうとする弁護士<u>、弁護士法人又は弁護士・外国法事務弁護士共同法人</u>は、<u>これらの</u>規定により税理士業務を行う旨を記載した書面を、所属弁護士会を経由して、当該税理士業務を行おうとする区域を管轄する国税局長に提出しなければならない。	**第26条**　法第51条第1項又は第3項の規定により税理士業務を行おうとする弁護士<u>又は</u>弁護士法人は、<u>これらの項の</u>規定により税理士業務を行う旨を記載した書面を、所属弁護士会を経由して、当該税理士業務を行おうとする区域を管轄する国税局長に提出しなければならない。
2　国税局長は、前項の書面を受理したときは、当該書面を受理したことを証する書面を同項の書面を提出した弁護士<u>、弁護士法人又は弁護士・外国法事務弁護士共同法人</u>に交付しなければならない。	2　国税局長は、前項の書面を受理したときは、当該書面を受理したことを証する書面を同項の書面を提出した弁護士<u>又は</u>弁護士法人に交付しなければならない。
第一号様式（日本産業規格A列4）	**第一号様式**（日本産業規格A列4）
税理士試験受験資格認定申請書 省略	税理士試験受験資格認定申請書 同左
注意事項 　1　申請書及び添付書類は、<u>法第6条第1号に規定する税法に属する科目の試験の受験資格について国税審議会の認定を受けようとする者が</u>国税審議会会長（国税庁内）に提出すること	注意事項 　1　申請書及び添付書類は、国税審議会会長（国税庁内）に提出すること。
2　省略	2　同左

新	旧
第二号様式（日本産業規格Ａ列５）	**第二号様式**（日本産業規格Ａ列５）
税理士試験受験願書 省略	税理士試験受験願書 同左
注意事項 　1　省略 　2　添付すべき写真<u>の大きさは、縦45㎜×横35㎜</u>とすること。 <u>　3　受験資格を有することを証する書面は、法第６条第１号に規定する税法に属する科目の試験を受けようとする者が提出すること。</u> 　<u>4</u>　省略 　<u>5</u>　省略	注意事項 　1　同左 　2　添付すべき写真<u>は、上半身像（縦4.5㎝×横3.5㎝）</u>のものとすること。 　<u>3</u>　同左 　<u>4</u>　同左
第八号様式（日本産業規格Ａ列４）	**第八号様式**（日本産業規格Ａ列４）
税務代理権限証書 （様式部分の改正については省略）	税務代理権限証書 （様式部分の改正については省略）
<u>注意事項</u> 　<u>1　「1　税務代理の対象に関する事項」欄には、税務代理（法第２条第１項第１号に規定する税務代理をいう。以下同じ。）の対象となる税目と当該税目の区分に応じた年分等を記載すること。</u> 　<u>2　「2　税務代理の対象となる書類の受領に関する事項」欄には、税務官公署から送付される書類のうち、「1　税務代理の対象に関する事項」欄に記載した税目・年分等に係る書類の受領について、税務代理を委任する場合にその書類の名称を記載すること。なお、この欄に記載がない書類の受領の代理については、税務代理の対象から除かれ</u>	<u>注意事項</u> 　<u>1　「1　税務代理の対象に関する事項」欄には、税務代理の対象となる税目と当該税目の区分に応じた年分等を記載すること。</u> 　<u>2　「その他の事項」欄には、法第２条第１項第１号に規定する税務代理の対象から除かれる事項がある場合にその事項を記載し、当該税務代理の範囲を特に限定する場合にはその旨を記載すること。</u>

新	旧
ることに留意すること。 3　「その他の事項」欄には、税務代理（税務官公署から送付される書類の受領の代理を除く。）の対象から除かれる事項がある場合にはその事項を記載し、当該税務代理の範囲を特に限定する場合にはその旨を記載すること。	
第九号様式（日本産業規格Ａ列４） 申告書の作成に関する計算事項等記載書面 （様式部分の改正については省略） 注意事項 　1　「税務代理権限証書の提出」欄の（　）内には、法第２条第１項第１号に規定する税務代理の委任を受けた税目を記載すること。 　2　「4　相談に応じた事項」欄には、法第２条第１項第３号に規定する税務相談に関し特に重要な事項に関する相談項目を記載すること。 　3　「5　総合所見」欄には、申告書の作成に関し、計算し、整理し、又は相談に応じた事項の総合的な所見を記載すること。 　4　必要があるときは、税目に応じて各欄の記載事項を変更することができる。	**第九号様式**（日本産業規格Ａ列４） 税理士法第33条の２第１項に規定する添付書面 （様式部分の改正については省略） 注意事項 　1　「税務代理権限証書の提出」欄の（　）内には、税務代理の委任を受けた税目を記載すること。 　2　2の「備考」欄には、提示を受けた帳簿書類のうち、計算し、又は整理したもの以外のものを記載すること。 　3　「4　相談に応じた事項」欄には、法第２条第１項第３号に規定する税務相談に関し特に重要な事項に関する相談項目を記載すること。
第十号様式（日本産業規格Ａ列４） 申告書に関する審査事項等記載書面 （様式部分の改正については省略） 注意事項 　1　「税務代理権限証書の提出」欄	**第十号様式**（日本産業規格Ａ列４） 税理士法第33条の２第２項に規定する添付書面 （様式部分の改正については省略） 注意事項 　1　「税務代理権限証書の提出」欄

新	旧
の（　）内には、法第２条第１項第１号に規定する税務代理の委任を受けた税目を記載すること。	の（　）内には、税務代理の委任を受けた税目を記載すること。
2　「1　相談を受けた事項」欄には、法第２条第１項第３号に規定する税務相談に関し特に重要な事項に関する相談項目を記載すること。	2　「1　相談を受けた事項」欄には、法第２条第１項第３号に規定する税務相談に関し特に重要な事項に関する相談項目を記載すること。
3　「4　審査結果」欄には、申告書が法令の規定に従つて作成されている旨を記載すること。	3　「4　審査結果」欄には、申告書が法令の規定に従つて作成されている旨を記載すること。
4　「5　総合所見」欄には、申告書に関し審査した事項の総合的な所見を記載すること。	
5　必要があるときは、税目に応じて各欄の記載事項を変更することができる。	
附則（令和４年３月31日財務省令第24号） 　この省令は、令和４年４月１日から施行する。ただし、次の各号に掲げる規定は、当該各号に定める日から施行する。 　一　目次の改正規定、第１条の３第１項の改正規定、第２条の３の改正規定、第２条の４の改正規定、第２条の５の改正規定、第２条の８の改正規定、第11条第２項第６号の改正規定、第２章中第14条の３の次に１条を加える改正規定、第一号様式注意事項１の改正規定及び第二号様式裏面注意事項の改正規定（同様式裏面注意事項２に係る部分を除く。）令和５年４月１日 　二　第八号様式の改正規定、第九号様式の改正規定及び第十号様	

新	旧
式の改正規定　令和6年4月1日	
三　第26条の改正規定　外国弁護士による法律事務の取扱いに関する特別措置法の一部を改正する法律（令和2年法律第33号）の施行の日（令和4年11月1日）	

税理士法基本通達（令和4年3月31日改正）

新	旧
第1章　総則 第2条　《税理士業務》関係 （税理士業務の対象としない租税に関する事務） 2－2　法第2条第1項及び税理士法施行令（以下「令」という。）第1条の規定により税理士業務の対象としない租税に関する事務は、法第2条第2項及び税理士法施行規則（以下「規則」という。）第21条第1号に規定する財務に関する事務に含まれることに留意する。 （税務代理の範囲） 2－3　法第2条第1項第1号に規定する「税務代理」には、税務官公署に対してする主張又は陳述の前提となる税務官公署から納税者に対して発する書類等の受領行為を含むほか、分納、納税の猶予等に関し税務官公署に対してする陳述につき、代理することを含むものとする。 ㊟　上記の「税務代理」に含まれる「税務官公署に対してする主張又は陳述の前提となる税務官公署から納税者に対して発する	第1章　総則 第2条《税理士業務》関係 （税理士業務の対象としない租税に関する事務） 2－2　法第2条第1項及び税理士法施行令（以下「令」という。）第1条の規定により税理士業務の対象としない租税に関する事務は、法第2条第2項及び税理士法施行規則（以下「規則」という。）第21条に規定する財務に関する事務に含まれることに留意する。 （納税等に係る税務代理） 2－3　法第2条第1項第1号に規定する「税務代理」には、分納、納税の猶予等に関し税務官公署に対してする陳述につき、代理することを含むものとする。

新	旧
書類等の受領行為」には、国税通則法（昭和37年法律第66号）第117条第1項に規定する納税管理人又は同条第5項に規定する特定納税管理人が、その処理すべき事項として行う税務官公署から納税者に対して発する書類等の受領行為は含まれないことに留意する。	
第2章　税理士試験 **第5条《受験資格》関係** **（大学若しくは高等専門学校を卒業した者で社会科学に属する科目を修めたもの）** 5－4　法第5条第1項第2号に規定する「大学若しくは高等専門学校を卒業した者でこれらの学校において社会科学に属する科目を修めたもの」には、卒業した学校以外の大学又は高等専門学校において社会科学に属する科目を修めたものを含むことに留意する。	**第2章　税理士試験** **第5条《受験資格》関係** **（大学若しくは高等専門学校を卒業した者で法律学又は経済学を修めたもの）** 5－4　法第5条第1項第2号に規定する「大学若しくは高等専門学校を卒業した者でこれらの学校において法律学又は経済学を修めたもの」には、卒業した学校以外の大学又は高等専門学校において法律学又は経済学に属する科目を修めたものを含むことに留意する。
（大学を卒業した者と同等以上の学力があると認められた者で社会科学に属する科目を修めたもの） 5－5　法第5条第1項第2号に規定する「大学を卒業した者と同等以上の学力があると認められた者」とは、学校教育法施行規則第155条第1項各号又は第2項各号のいずれかに該当する者及び昭和28年文部省告示第5号（学校教育法施行規則第155条第1項第6号の規定による大学院及び大学の専攻科の入学に関し大学を卒業した者と同等以上の学力があると認められる者）により指定された者をい	**（大学を卒業した者と同等以上の学力があると認められた者で法律学又は経済学を修めたもの）** 5－5　法第5条第1項第2号に規定する「大学を卒業した者と同等以上の学力があると認められた者」とは、学校教育法施行規則第155条第1項各号又は第2項各号のいずれかに該当する者及び昭和28年文部省告示第5号（学校教育法施行規則第155条第1項第6号の規定による大学院及び大学の専攻科の入学に関し大学を卒業した者と同等以上の学力があると認められる者）により指定された者をい

新	旧
い、「財務省令で定める学校において<u>社会科学に属する科目を修めたもの</u>」には、大学を卒業した者と同等以上の学力があると認められる者に該当するために課程を修了し、又は卒業した学校以外の学校（法第5条第1項第2号に規定する財務省令で定める学校に限る。）において<u>社会科学に属する科目</u>を修めたものを含むことに留意する。	い、「財務省令で定める学校において<u>法律学又は経済学</u>を修めたもの」には、大学を卒業した者と同等以上の学力があると認められる者に該当するために課程を修了し、又は卒業した学校以外の学校（法第5条第1項第2号に規定する財務省令で定める学校に限る。）において<u>法律学又は経済学に属する科目</u>を修めたものを含むことに留意する。
（受験資格の期間の計算） **5－6** 法第5条第1項第1号又は第2項の期間の計算は、同条第1項第1号<u>イからへまでに</u>掲げる事務又は業務に従事することとなった日から当該事務若しくは業務に従事しないこととなった日の前日又は税理士試験申込締切日のいずれか早い日までの期間につき、当該事務又は業務に従事することとなった日から当該日の属する月の末日までの期間を一月とし、翌月以降は暦に従って計算し、一月未満の月があるときは、一月として計算するものとする。	**（受験資格の期間の計算）** **5－6** 法第5条第1項第1号又は第2項の期間の計算は、同条第1項第1号に掲げる事務又は業務に従事することとなった日から当該事務若しくは業務に従事しないこととなった日の前日又は税理士試験申込締切日のいずれか早い日までの期間につき、当該事務又は業務に従事することとなった日から当該日の属する月の末日までの期間を一月とし、翌月以降は暦に従って計算し、一月未満の月があるときは、一月として計算するものとする。
第3章　登録 **第24条《登録拒否事由》関係** **（税理士業務を行わせることがその適正を欠くおそれがある者の判定）** **24－7** 法第24条<u>第7号ロ</u>の登録の申請に関し、当該申請者が「税理士業務を行わせることがその適正を欠くおそれがある者」に該当するか否かについては、過去における当該申請者の非行の性質や内容、当該非行からの経過期間、そ	**第3章　登録** **第24条《登録拒否事由》関係** **（税理士業務を行わせることがその適正を欠くおそれがある者の判定）** **24－7** 法第24条<u>第6号ロに規定する</u>登録の申請に関し、当該申請者が「税理士業務を行わせることがその適正を欠くおそれがある者」に該当するか否かについては、過去における当該申請者の非行の性質や内容、当該非行からの経過期

新	旧
の間における本人の反省や謹慎の具体的状況等を総合的に勘案して判定するものとする。 　なお、単に法第4条第3号から第11号までに規定する年数が経過したことのみをもって、当該登録拒否事由に該当しないと判定することがないよう留意する。	間、その間における本人の反省や謹慎の具体的状況等を総合的に勘案して判定するものとする。 　なお、単に法第4条第3号から第10号までに規定する年数が経過したことのみをもって、当該登録拒否事由に該当しないと判定することがないよう留意する。
（税理士の信用又は品位を害するおそれがある者の判定） 24－8　過去に非行があった者が法第24条第8号に規定する「税理士の信用又は品位を害するおそれがある者」に該当するか否かについては、当該非行の性質や内容、当該非行からの経過期間、その間における本人の反省や謹慎の具体的状況等に加え、当該非行による社会的影響の大きさやその沈静化の程度等も勘案して判定するものとする。 　なお、単に法第24条第3号から第6号までに規定する年数が経過したことのみをもって、当該登録拒否事由に該当しないと判定することがないよう留意する。	**（税理士の信用又は品位を害するおそれがある者の判定）** 24－8　過去に非行があった者が法第24条第7号前段に規定する「税理士の信用又は品位を害するおそれがある者」に該当するか否かについては、当該非行の性質や内容、当該非行からの経過期間、その間における本人の反省や謹慎の具体的状況等に加え、当該非行による社会的影響の大きさやその沈静化の程度等も勘案して判定するものとする。
第4章　税理士の権利及び義務 **第40条《事務所の設置》関係** **（事務所）** 40－1　法第40条第1項に規定する「税理士業務を行うための事務所」とは、税理士業務の本拠をいい、税理士業務の本拠であるかどうかは、委嘱者等に示す連絡先など外部に対する表示に係る客観的事実によって判定するものとする。 　この場合において、「外部に対す	**第4章　税理士の権利及び義務** **第40条《事務所の設置》関係** **（事務所）** 40－1　法第40条に規定する「事務所」とは、継続的に税理士業務を執行する場所をいい、継続的に税理士業務を執行する場所であるかどうかは、外部に対する表示の有無、設備の状況、使用人の有無等の客観的事実によって判定するものとする。

新	旧
る表示」には、看板等物理的な表示やウェブサイトへの連絡先の掲載のほか、契約書等への連絡先の記載などが含まれることに留意する。	
（二ヶ所事務所の禁止） 40-2　法第40条第3項の「税理士事務所を二以上設けて」いる場合とは、例えば、自宅以外の場所に税理士事務所を設け、40-1の「外部に対する表示」をしている状態で、自宅においても40-1の「外部に対する表示」をして税理士業務を行っている場合などをいう。したがって、自宅等の税理士事務所以外の場所で税理士業務を行っていても、その場所に40-1の「外部に対する表示」に係る客観的事実がなく、法第40条第1項に規定する「税理士業務を行うための事務所」と判定される状態でない場合には、税理士事務所を二以上設けている場合には該当しない。	（新設）
（税理士である公認会計士の公認会計士事務所） 40-3　税理士である公認会計士が、税理士事務所のほかに公認会計士としての事務所を有する場合、その事務所が、外部に対する表示に係る客観的事実によって税理士事務所であると認められるときは、法第40条第3項の規定に抵触するものとして取り扱うこととする。	**（税理士である公認会計士の公認会計士事務所）** 40-2　税理士である公認会計士が、税理士事務所の外に公認会計士としての事務所をもつ場合、その事務所が、外部に対する表示、広報その他の客観的事実によって、継続的に税理士業務を行い、又は行うための事務所であると認められるときは、法第40条第3項の規定に抵触するものとして取り扱うこととする。

新	旧
<u>第41条の2 《使用人等に対する監督</u> <u>義務》関係</u> **（使用人等に対する監督義務）**	（新設） （新設）
<u>41の2-1</u>　税理士の使用人その他 の従業者（以下「使用人等」とい う。）に対する監督義務は、税理士 及びその使用人等が事務を行う場 所によって異なることはない。し たがって、使用人等に対する監督 方法として、対面による監督を行 うことができない場合でも、情報 通信技術を利用する方法などによ り、適切に監督が行われている場 合には、監督義務が果たされてい ると判断することに留意する。 　なお、情報通信技術を利用した 使用人等の適切な監督方法として は、例えば、次に掲げるような、 事前及び事後の確認を行う方法が ある。 ⑴　使用人等と委嘱者等との情報 　通信技術を利用した打合せに、 　使用者である税理士が情報通信 　技術を利用して参加する方法 ⑵　使用人等が税理士業務の補助 　を行った履歴について情報通信 　技術を利用して確認する方法	
第5章　税理士の責任 **第47条《懲戒の手続等》関係** **（税理士会が行う<u>会員等</u>の違反行為の** **通知書）**	**第5章　税理士の責任** **第47条《懲戒の手続等》関係** **（税理士会が行う<u>会員</u>の違反行為の通** **知書）**
47-1　法第47条第2項<u>（法第48条</u> <u>第2項において準用する場合を含</u> <u>む。）</u>の規定による通知について は、法第45条第1項若しくは第2 項又は法第46条に規定する行為又 は事実の認定に関する資料を添付 した通知書を、税理士会の主たる	**47-1**　法第47条第2項の規定によ る通知については、法第45条第1 項若しくは第2項又は法第46条に 規定する行為又は事実の認定に関 する資料を添付した通知書を、税 理士会の主たる事務所の所在地を 管轄する国税局長を経由して提出

新	旧
事務所の所在地を管轄する国税局長を経由して提出するものとする。	するものとする。
第47条の3 《除斥期間》関係 **（除斥期間の始期）**	（新設） （新設）
47の3－1　法第47条の3に規定する「懲戒の事由があつたとき」とは、懲戒の事由に当たる税理士法違反行為が終了した時点をいい、具体的には次により懲戒処分の除斥期間の始期を判定するものとする。	
(1)　単独の税理士法違反行為が行われた場合 　税理士法違反行為の除斥期間は、違反行為が終了した時点から開始する。例えば、委嘱者から脱税相談を持ちかけられ、一定の期間が経過した後に、その相談に応じ回答した場合は、脱税相談を持ちかけられた時点ではなく、委嘱者に脱税相談の回答をしたときが違反行為の終了した時点となり、その時点から除斥期間が開始することとなる。 　また、税理士法違反行為による違法状態が継続する場合の除斥期間は、その違法状態が解消された時点から開始する。例えば、委嘱者から預かった納税資金を着服する信用失墜行為を行った場合には、着服後、その資金を返還するまで非行事実と評価すべき違法状態が継続しており、その資金を返還したことなどにより、違法状態が解消された時点から除斥期間が開始することとなる。	
(2)　複数の税理士法違反行為が行	

新	旧
われた場合 　複数の税理士法違反行為が行われた場合の除斥期間は、原則として、それぞれの違反行為が終了した時点からそれぞれ開始する。例えば、不真正な税務書類の作成又は提出のほか、非税理士に対する名義貸しを行った場合には、不真正な税務書類の作成又は提出と非税理士に対する名義貸しのそれぞれの行為が終了した時点から除斥期間がそれぞれ開始することとなる。 　ただし、複数の税理士法違反行為のそれぞれが密接に関連して、一方が他方の手段となり、他方が一方の結果となる違反行為を行った場合の除斥期間は、最後に行われた違反行為が終了した時点から開始する。例えば、不真正な税務書類の作成又は提出を依頼され、その前提として脱税相談に応じた場合には、不真正な税務書類の作成又は提出の行為が終了した時点から除斥期間が開始することとなる。	
第５章の２税理士法人 **第48条の５《業務の範囲》関係** **（税理士業務に付随しない会計業務等）** 48の５－１　規則第21条第１号に掲げる業務は、財務書類の作成、会計帳簿の記帳の代行その他財務に関する事務で税理士業務に付随して行うもの以外のものであっても、他の法律においてその事務を業として行うことが制限されてい	**第５章の２税理士法人** **第48条の５《業務の範囲》関係** **（定款で定める業務）** 48の５－１　税理士法人は、税理士業務に付随しないで行う財務書類の作成、会計帳簿の記帳の代行その他財務に関する事務について、他の法律においてその事務を業として行うことが制限されているものを除き、定款に定めることによ

新	旧
るものを除き、定款に定めることにより、業務として行うことができることに留意する。	り、業務として行うことができることに留意する。
（租税に関する知識の普及等に関する業務） 48の5－2　規則第21条第3号に規定する「租税に関する教育その他知識の普及及び啓発の業務」における「租税に関する教育その他知識」には、租税に関するもので、同条第1号に規定する「財務書類の作成、会計帳簿の記帳の代行その他財務に関する事務」に関する知識が含まれるほか、「普及及び啓発の業務」には、これらの知識に関する講演会の開催、出版物の刊行が含まれることに留意する。	（新設）
第7章　雑則 **第50条《臨時の税務書類の作成等》関係** **（許可を与えない者）** 50－2　法第50条に規定する許可を申請した者が、次の各号の一に該当する場合においては、許可を与えないものとする。 　⑴　法第4条各号の一に該当する場合 　⑵　法第24条第1号又は第3号から第7号イまでに該当する場合 　⑶　納税事務の適正な実施を妨げ、又は納税に関する道義を乱すようなおそれがあり、その他税務書類の作成等を行わせるのに適格性を欠くと認められる場合	**第7章　雑則** **第50条《臨時の税務書類の作成等》関係** **（許可を与えない者）** 50－2　法第50条に規定する許可を申請した者が、次の各号の一に該当する場合においては、許可を与えないものとする。 　⑴　法第4条各号の一に該当する場合 　⑵　法第24条第1号又は第3号から第6号イまでに該当する場合 　⑶　納税事務の適正な実施を妨げ、又は納税に関する道義を乱すようなおそれがあり、その他税務書類の作成等を行わせるのに適格性を欠くと認められる場合
第55条《監督上の措置》関係	（新設）

新	旧
（「税理士であつた者」の範囲） 55-1　通知弁護士（法第51条第1項の規定により税理士業務を行う弁護士をいう。）であった者については、法第55条第2項の「税理士であつた者」とみなされないことに留意する。	（新設）

税理士法（令和5年3月31日法律第3号）

新	旧
（欠格条項） 第4条　次の各号のいずれかに該当する者は、前条の規定にかかわらず、税理士となる資格を有しない。 　一・二　省略 　三　国税（森林環境税及び特別法人事業税を除く。以下この条、第24条、第36条、第41条の3、第46条及び第54条の2第1項において同じ。）若しくは地方税に関する法令又はこの法律の規定により禁錮以上の刑に処せられた者で、その刑の執行を終わり、又は執行を受けることがなくなつた日から5年を経過しないもの 　四～十一　省略	（欠格条項） 第4条　同左 　一・二　同左 　三　国税（森林環境税及び特別法人事業税を除く。以下この条、第24条、第36条、第41条の3及び第46条において同じ。）若しくは地方税に関する法令又はこの法律の規定により禁錮以上の刑に処せられた者で、その刑の執行を終わり、又は執行を受けることがなくなつた日から5年を経過しないもの 　四～十一　同左
（受験資格） 第5条　税理士試験（次条第1号に定める科目の試験に限る。）は、次の各号のいずれかに該当する者でなければ、受けることができない。 　一　次に掲げる事務又は業務に従事した期間が通算して2年以上になる者 　　イ　税務官公署における事務又はその他の官公署における国	（受験資格） 第5条　同左 　一　同左 　　イ　税務官公署における事務又はその他の官公署における国

新	旧
税（関税、とん税、特別とん税、森林環境税及び特別法人事業税を除く。第24条、第36条、第41条の3、第46条及び第54条の2第1項を除き、以下同じ。）若しくは地方税に関する事務	税（関税、とん税、特別とん税、森林環境税及び特別法人事業税を除く。第24条、第36条、第41条の3及び第46条を除き、以下同じ。）若しくは地方税に関する事務
ロ～ヘ　省略	ロ～ヘ　同左
二～五　省略	二～五　同左
2～4　省略	2～4　同左
（懲戒処分の公告）	**（懲戒処分の公告）**
第47条の4　財務大臣は、第45条又は第46条の規定により懲戒処分をしたときは、遅滞なくその旨を、財務省令で定める方法により不特定多数の者が閲覧することができる状態に置く措置をとるとともに、官報をもつて公告しなければならない。	**第47条の4**　財務大臣は、第45条又は第46条の規定により懲戒処分をしたときは、遅滞なくその旨を官報をもつて公告しなければならない。
（税理士等でない者が税務相談を行つた場合の命令等）	
第54条の2　財務大臣は、税理士又は税理士法人でない者（以下この項において「税理士等でない者」という。）が税務相談を行つた場合（税理士等でない者がこの法律の別段の定めにより税務相談を行つた場合を除く。）において、更に反復してその税務相談が行われることにより、不正に国税若しくは地方税の賦課若しくは徴収を免れさせ、又は不正に国税若しくは地方税の還付を受けさせることによる納税義務の適正な実現に重大な影響を及ぼすことを防止するため緊急に措置をとる必要があると認めるときは、当該税理士等でない者	

新	旧
に対し、その税務相談の停止その他当該停止が実効的に行われることを確保するために必要な措置を講ずることを命ずることができる。 2　第47条の4の規定は、前項の規定による命令について準用する。 **（監督上の措置）** **第55条**　省略 2　省略 3　国税庁長官は、前条第1項の規定による命令をすべきか否かを調査する必要があると認めるときは、同項の税務相談を行つた者から報告を徴し、又は当該職員をしてその者に質問し、若しくはその業務に関する帳簿書類を検査させることができる。 4　前3項の規定による報告の徴取、質問又は検査の権限は、犯罪捜査のために認められたものと解してはならない。 **（事務の委任）** **第57条**　国税庁長官は、第55条第1項から第3項まで又は前条の規定によりその権限に属せしめられた事務を国税局長又は税務署長に取り扱わせることができる。 2　省略 **第60条**　次の各号のいずれかに該当する場合には、その違反行為をした者は、1年以下の懲役又は100万円以下の罰金に処する。 一～三　省略 四　第54条の2第1項の規定による命令に違反したとき。	 **（監督上の措置）** **第55条**　同左 2　同左 3　前2項の規定による報告の徴取、質問又は検査の権限は、犯罪捜査のために認められたものと解してはならない。 **（事務の委任）** **第57条**　国税庁長官は、第55条第1項若しくは第2項又は前条の規定によりその権限に属せしめられた事務を国税局長又は税務署長に取り扱わせることができる。 2　同左 **第60条**　同左 一～三　同左

新	旧
第62条 次の各号のいずれかに該当する場合には、その違反行為をした者は、30万円以下の罰金に処する。 一 省略 二 第49条の19第1項又は第55条第1項から第3項までの規定による報告、質問又は検査について、報告をせず、若しくは虚偽の報告をし、質問に答弁せず、若しくは虚偽の答弁をし、又は検査を拒み、妨げ、若しくは忌避したとき。	**第62条** 同左 一 同左 二 第49条の19第1項又は第55条第1項若しくは第2項の規定による報告、質問又は検査について、報告をせず、若しくは虚偽の報告をし、質問に答弁せず、若しくは虚偽の答弁をし、又は検査を拒み、妨げ、若しくは忌避したとき。
第63条 法人の代表者又は法人若しくは人の代理人、使用人その他の従業者が、その法人又は人の業務に関し、第58条、第59条第1項第2号（第48条の16において準用する第37条の2に係る部分に限る。）若しくは第4号、第60条第3号（第48条の20第1項に係る部分に限る。）若しくは第4号、第61条又は前条第1号若しくは第2号（第49条の19第1項並びに第55条第1項（税理士法人に係る部分に限る。）及び第3項に係る部分に限る。）の違反行為をしたときは、その行為者を罰するほか、その法人又は人に対し、各本条の罰金刑を科する。	**第63条** 法人の代表者又は法人若しくは人の代理人、使用人その他の従業者が、その法人又は人の業務に関し、第58条、第59条第1項第2号（第48条の16において準用する第37条の2に係る部分に限る。）若しくは第4号、第60条第3号（第48条の20第1項に係る部分に限る。）、第61条又は前条第1号若しくは第2号（第49条の19第1項及び第55条第1項（税理士法人に係る部分に限る。）に係る部分に限る。）の違反行為をしたときは、その行為者を罰するほか、その法人又は人に対し、各本条の罰金刑を科する。
附則（令和5年3月31日法律第3号）抄 **（施行期日）** **第1条** この法律は、令和5年4月1日から施行する。ただし、次の各号に掲げる規定は、当該各号に定める日から施行する。 一から三まで 略	

新	旧
四　次に掲げる規定　令和6年4月1日 　イからニまで　略 　ホ　第11条の規定 **（罰則に関する経過措置）** **第78条**　この法律（附則第1条各号に掲げる規定にあっては、当該規定。以下この条において同じ。）の施行前にした行為及びこの附則の規定によりなお従前の例によることとされる場合におけるこの法律の施行後にした行為に対する罰則の適用については、なお従前の例による。 **（政令への委任）** **第79条**　この附則に規定するもののほか、この法律の施行に関し必要な経過措置は、政令で定める。	

税理士法施行令（令和5年3月31日政令第146号）

新	旧
（当該職員の証票携帯） **第15条**　次の各号の当該職員は、当該各号に掲げる場合には、その身分を示す証票を携帯し、関係人の請求があつたときは、これを提示しなければならない。 　一　省略 　二　法第55条第1項から第3項までの規定により当該職員が税理士若しくは税理士法人、税理士であつた者又は法第54条の2第1項の税務相談を行つた者に質問し、又はその業務に関する帳簿書類を検査する場合 　三　省略	**（当該職員の証票携帯）** **第15条**　同左 　一　同左 　二　法第55条第1項又は第2項の規定により当該職員が税理士若しくは税理士法人又は税理士であつた者に質問し、又はその業務に関する帳簿書類を検査する場合 　三　同左

新	旧
<u>**附則**</u>（令和 5 年 3 月31日政令第146号） <u>**（施行期日）**</u> <u>1</u> <u>この政令は、令和 6 年 4 月 1 日から施行する。</u>	

税理士法施行規則（令和 5 年 3 月31日財務省令第20号）

新	旧
（申告書等） **第1条** 税理士法（昭和26年法律第237号。以下「法」という。）第2条第 1 項第 2 号に規定する財務省令で定める書類（その作成に代えて電磁的記録（電子的方式、磁気的方式その他人の知覚によつては認識することができない方式で作られる記録であつて、電子計算機による情報処理の用に供されるものをいう。<u>第22条の 5</u> を除き、以下同じ。）を作成する場合における当該電磁的記録を含む。以下同じ。）は、届出書、報告書、申出書、申立書、計算書、明細書その他これらに準ずる書類とする。	**（申告書等）** **第1条** 税理士法（昭和26年法律第237号。以下「法」という。）第2条第 1 項第 2 号に規定する財務省令で定める書類（その作成に代えて電磁的記録（電子的方式、磁気的方式その他人の知覚によつては認識することができない方式で作られる記録であつて、電子計算機による情報処理の用に供されるものをいう。<u>第22条の 4</u> を除き、以下同じ。）を作成する場合における当該電磁的記録を含む。以下同じ。）は、届出書、報告書、申出書、申立書、計算書、明細書その他これらに準ずる書類とする。
（税法に関する研修） **第1条の 3** 省略 2 国税審議会は、前項に規定する研修を指定したときは、その旨を、<u>相当と認める期間、インターネットに接続された自動公衆送信装置（著作権法（昭和45年法律第48号）第 2 条第 1 項第 9 号の 5 イに規定する自動公衆送信装置をいう。以下同じ。）に記録する方法により不特定多数の者が閲覧することができる状態に置く措置をとる</u>	**（税法に関する研修）** **第1条の 3** 同左 2 国税審議会は、前項に規定する研修を指定したときは、その旨を<u>官報</u>をもつて公告しなければならない。これを解除したときも、同様とする。

新	旧
とともに、官報をもつて公告しなければならない。これを解除したときも、同様とする。	
（認定基準の公告等）	**（認定基準の公告等）**
第2条の6　国税審議会は、法第7条第2項及び第3項に規定する認定についての基準を定めたときは、その旨を、<u>相当と認める期間、インターネットに接続された自動公衆送信装置に記録する方法により不特定多数の者が閲覧することができる状態に置く措置をとるとともに、</u>官報をもつて公告しなければならない。これを解除したときも、同様とする。	**第2条の6**　国税審議会は、法第7条第2項及び第3項に規定する認定についての基準を定めたときは、その旨を官報をもつて公告しなければならない。これを解除したときも、同様とする。
2　第2条の4第3項に規定する国税審議会の認定を受けようとする者から同項の研究認定申請書の提出があつた場合において、国税審議会が当該<u>研究認定申請書を提出</u>した者について当該認定をしたとき又は認定をしなかつたときは、国税審議会会長は、その旨を当該<u>研究認定申請書を</u>提出した者に通知しなければならない。	2　第2条の4第3項に規定する国税審議会の認定を受けようとする者から同項の研究認定申請書の提出があつた場合において、国税審議会が当該<u>申請書を</u>提出した者について当該認定をしたとき又は認定をしなかつたときは、国税審議会会長は、その旨を当該<u>申請書を</u>提出した者に通知しなければならない。
3　第2条の4第4項に規定する試験の免除を申請しようとする者から同条第一項の税理士試験受験願書の提出があつた場合において、国税審議会が当該<u>税理士試験受験願書を</u>提出した者について当該免除をすることを決定し、又は免除しないことを決定したときは、国税審議会会長は、その旨を当該<u>税理士試験受験願書を</u>提出した者に通知しなければならない。	3　第2条の4第4項に規定する試験の免除を申請しようとする者から同条第一項の税理士試験受験願書の提出があつた場合において、国税審議会が当該<u>願書を</u>提出した者について当該免除をすることを決定し、又は免除しないことを決定したときは、国税審議会会長は、その旨を当該<u>願書を</u>提出した者に通知しなければならない。
（指定研修の公告等）	**（指定研修の公告等）**

新	旧
第2条の9　国税審議会は、法第8条第1項第10号に規定する研修を指定したときは、その旨を、<u>相当と認める期間、インターネットに接続された自動公衆送信装置に記録する方法により不特定多数の者が閲覧することができる状態に置く措置をとるとともに</u>、官報をもつて公告しなければならない。これを解除したときも、同様とする。 2　省略	**第2条の9**　国税審議会は、法第8条第1項第10号に規定する研修を指定したときは、その旨を<u>官報を</u>もつて公告しなければならない。これを解除したときも、同様とする。 2　同左
（試験実施の日時及び場所等の公告） **第6条**　国税審議会会長は、税理士試験実施の日時及び場所並びに税理士試験受験願書の受付期間その他税理士試験の受験に関し必要な事項を、<u>相当と認める期間、インターネットに接続された自動公衆送信装置に記録する方法により不特定多数の者が閲覧することができる状態に置く措置をとるとともに</u>、官報をもつて公告しなければならない。 <u>2</u>　<u>前項の規定による公告は、税理士試験実施の初日の2月前までに開始しなければならない。</u>	**（試験実施の日時及び場所等の公告）** **第6条**　国税審議会会長は、<u>税理士試験実施の初日の2月前までに、</u>税理士試験実施の日時及び場所並びに税理士試験受験願書の受付期間その他税理士試験の受験に関し必要な事項を<u>官報を</u>もつて公告しなければならない。
（試験合格者の公告） **第7条**　国税審議会会長は、税理士試験に合格した者の<u>受験番号を、相当と認める期間、インターネットに接続された自動公衆送信装置に記録する方法により不特定多数の者が閲覧することができる状態に置く措置をとるとともに、</u>官報をもつて公告しなければならない。 **（懲戒処分の公告の方法）**	**（試験合格者等の公告）** **第7条**　国税審議会会長は、税理士試験に合格した者<u>及び法第7条又は第8条の規定による税理士試験の免除科目が法第6条に定める試験科目の全部に及ぶ者の氏名を</u>官報をもつて公告しなければならない。

新	旧
<u>第20条の2</u>　法第47条の4に規定する財務省令で定める方法は、財務大臣が、法第45条又は第46条の規定により懲戒処分をした旨を、相当と認める期間、インターネットに接続された自動公衆送信装置に記録する方法とする。	
<u>（懲戒処分を受けるべきであつたことについての決定の公告の方法）</u> <u>第20条の3</u>　前条の規定は、法第48条第3項において準用する法第47条の4に規定する財務省令で定める方法について準用する。	
<u>（違法行為等についての処分の公告の方法）</u> <u>第22条の2</u>　第20条の2の規定は、法第48条の20第2項において準用する法第47条の4に規定する財務省令で定める方法について準用する。	
（会計帳簿） 第22条の<u>3</u>　省略	（会計帳簿） 第22条の<u>2</u>　同左
（貸借対照表） 第22条の<u>4</u>　省略	（貸借対照表） 第22条の<u>3</u>　同左
（電磁的記録に記録された事項を表示する方法） 第22条の<u>5</u>　省略	（電磁的記録に記録された事項を表示する方法） 第22条の<u>4</u>　同左
（財産目録） 第22条の<u>6</u>　省略	（財産目録） 第22条の<u>5</u>　同左
（清算開始時の貸借対照表） 第22条の<u>7</u>　省略	（清算開始時の貸借対照表） 第22条の<u>6</u>　同左

新	旧
（税理士等でない者が税務相談を行つた場合の命令の公告の方法） **第26条の2**　第20条の2の規定は、法第54条の2第2項において準用する法第47条の4に規定する財務省令で定める方法について準用する。 **附則**（令和5年3月31日財務省令第20号） （施行期日） 1　この省令は、令和6年4月1日から施行する。	

税理士法基本通達（令和5年2月17日改正）

新	旧
（除斥期間の適用の範囲） **47の3－2**　法第47条の3の懲戒の手続の除斥期間は、同条の規定が法第48条第3項及び第48条の20第2項において準用されていることから、法第48条第1項の規定による「懲戒処分を受けるべきであつたことについての決定」及び法第48条の20第1項の規定による「違法行為等についての処分」の手続についても、適用があることに留意する。	（新設）
（懲戒の手続の開始） **47の3－3**　法第47条の3の「懲戒の手続を開始すること」とは、税理士に対して、懲戒処分に係る聴聞又は弁明の機会の付与について行政手続法第15条第1項又は第30条に規定する通知を発することをいい、法第47条の3の規定により懲戒の手続を開始することができ	（新設）

新	旧
ないこととなった後は、新たにその通知を発することができないことに留意する。	
第48条《懲戒処分を受けるべきであつたことについての決定等》関係 **（懲戒処分を受けるべきであったことについての決定の手続の開始）** 48－1　法第48条第3項において準用する法第47条の3の規定の適用については、法第48条第1項の規定による「懲戒処分を受けるべきであつたことについての決定」の事由があったときから10年を経過したときは、当該決定の手続を開始することができないことに留意する。 　なお、当該決定の「手続を開始すること」とは、税理士であった者に対して、当該決定に係る聴聞又は弁明の機会の付与について行政手続法第15条第1項又は第30条に規定する通知を発することをいい、法第48条第3項において準用する法第47条の3の規定により当該決定の手続を開始することができないこととなった後は、新たにその通知を発することができないことに留意する。	（新設） （新設）
（違法行為等についての処分の手続の開始） 48の20－1　第48条の20第2項において準用する法第47条の3の規定の適用については、法第48条の20第1項の規定による「違法行為等についての処分」の事由があったときから10年を経過したときは、当該処分の手続を開始することが	（新設）

新	旧
できないことに留意する。 　なお、当該処分の「手続を開始すること」とは、税理士法人に対して、当該処分に係る聴聞又は弁明の機会の付与について行政手続法第15条第1項又は第30条に規定する通知を発することをいい、法第48条の20第2項において準用する法第47条の3の規定により当該処分の手続を開始することができないこととなった後は、新たにその通知を発することができないことに留意する。 **（処分の手続に付された税理士法人）** 48の20－2　法第48条の20第3項に規定する「処分の手続に付された」場合とは、48の20－1の通知がなされた場合をいう。 **（手続の結了）** 48の20－3　（省略）	 **（処分の手続に付された税理士法人）** 48の20－1　法第48条の20第3項に規定する「処分の手続に付された」場合とは、税理士法人に対し、違法行為等についての処分に係る聴聞又は弁明の機会の付与について行政手続法第15条第1項又は第30条に規定する通知がなされた場合をいう。 **（手続の結了）** 48の20－2　（同左）

改正税理士法
実務への対応

令和5年6月2日　初版印刷
令和5年6月12日　初版発行

編　者　　日本税理士会連合会
　　　　　総合企画室税理士法改正分科会

不　許
複　製

発行者　　一般財団法人 大蔵財務協会 理事長
　　　　　木　村　幸　俊

発行所　一般財団法人　大蔵財務協会

〔郵便番号　130-8585〕
東京都墨田区東駒形 1 丁目 14 番 1 号
（販売部）TEL03（3829）4141・FAX03（3829）4001
（出版編集部）TEL03（3829）4142・FAX03（3829）4005
http://www.zaikyo.or.jp

乱丁、落丁の場合は、お取替えいたします。　　　　　　印刷・三松堂㈱

ISBN978-4-7547-3139-7